創造主義

The Principle of Creation

「持続可能」社会を実現する転換の発想

田中　甲

Koh Tanaka

はじめに

この本は、元政治家が理想を語るために書いた本ではありません。私達市民一人ひとりが、時代を変える力を持っていることを信じ、どのような思想、哲学を柱として新しい社会を創造していくかという方法について記したものです。

私は三十代の頃、のちに総理大臣になる七人の政治家と直接話をしたことがあります。そして同時に、その政治家の誰しもが権力の中枢に上り詰める過程で、いつの間にか望んでいたことができない人間になってしまう姿も見てきたのです。口ではどんな綺麗ごとを言っても、議席を守りポストを得るために、理想よりも現実のパワーバランスの中で強いモノに従い、損得で物事を判断して生きてきた結果でしょう。

私自身も政治家として、あるいは一人の人間として自分自身に正直に生きようと努めましたが、そのように努めれば努めるほど歪みが大きくなっていき、志を遂げるのは困難になっていきました。そして、今のままでは政治の世界の内側から世の中を変えることはできないと感じるようになり、政治の外側からもう一度社会全体を見つめ直し、どのようにすれば世の中を良い方向へ大きく変えられるのか考えなければならないという思いを抱くようになったのです。

国会を離れ、アメリカに渡った私はワシントンD.Cの政治家を養成する学校に入学します。世界中から若者が集まる国際政治の中心から日本を見て、アメリカに振り回されてしまう理由とその構造を知りたいと思ったからです。そこでは、まさにアメリカ社会で実際に権力を握る人達が、その社会構造を維持、強化するための理論を構築し、それを学生達に教えていました。そして、学生達は政治家になるための心構えや実用的なノウハウを叩き込まれるとともに、そこで得た人的ネットワークの中に組み込まれていくのです。私は、世界の覇権を握る超大国・アメリカの力の源泉を見る思いがしました。そして、我国・日本の政治家との圧倒的な落差を思い知らされたのです。

日本人がどのような扱いを受けるのか覚悟して行きましたが、予想に反し、約束を守る自由主義者は暖かく迎えられ、多くのことを学ぶ機会となりました。しかし、アメリカ社会というだけでなく、現代社会から決定的に欠落している問題点も逆にそこから確認することができたのです。アメリカで社会構造の成り立ちや人の生き方を深く学ぶ機会に恵まれた私は日本へ戻り、あることに思い至りました。

私は議員時代から食とエネルギーや環境、貧困と平和といった重要な課題について取り組む中で、各分野で献身的に取り組んでいる方々との出会いがありましたが、なぜ彼らがこれほど熱心に活動し、問題解決の正しい方向性を示しているにもかかわらず、大きな動きにつながらないのかという歯がゆさを感じていました。そして、どうしたら多くの人々がこれらの問題に共に取り組んでくれるのだろうかと考えていたのです。

しかし、このような問題の根底にある構造を探りつつ、人の生き方の深い部分を学んでいく中で、実はこれらは奥底で一つにつながっているのではないかと感じるようになりました。つまり、現代の社会のあり方が人の心や生き方に大きな影響を与え、また同時に、私たち一人ひとりの生き方が社会のあり方を大きく変える鍵を握っていたのです。そこで、その仕組みを統一的に説明し、それを多くの人々に伝えることができれば、社会を変える大きな力につながっていくのではないかと考え、本著の執筆に至りました。また、執筆にあたっては、できるだけ客観的な事実や科学的知見に基づいて述べるよう努めました。

本著はまず現代社会において重要と思われるテーマを一つひとつ検証し、どういう状況になっているのか、どうすれば問題を解決できるのかという点についてまとめました。そして、その根底に潜む共通の原理を明らかにし、さらに人が思い描いた夢や理想が実現していく「創造主義」を説明し、披瀝する機会とさせていただきました。みなさんの活動の参考になれば、これ以上のことはありません。

目次

創造主義「持続可能」社会を実現する転換の発想

装丁・本文デザイン
中村有香（株式会社ヤスキ）

第一章

文明の源

人類とエネルギーの歴史

私達人類は何十万年も前から火を用い、灯火をつけたり、寒さをしのいだり、料理をしたりしてきました。

最初はきっと山火事で火の恐ろしさを身近に感じ、その後、自ら木を燃やすことを覚えたのでしょう。長い間、木が主なエネルギー源だったのです。もちろん木は森から採ってきましたが、森がなくならないように、木が再生する速度に合わせてちょうどよい量を採って上手に生活していました。

しかし四大文明が急激に発展し、人口が急増した文明では木を一気に採り過ぎてしまい、森がなくなって禿げ山と化してしまう状態が起こるようになったのです。すると、土地の保水性が失われて作物が育たなくなり、エネルギー源である木だけでなく、食糧も得られなくなるという悪循環の中で、その文明は滅んでいったのです。

十八世紀の半ばに産業革命が起こると、巨大な機械や船、鉄道などを製造したり動かしたりするために石炭が利用されるようになりました。さらにその後、石油や天然ガスも利用されるようになると、木を使っていた頃と比べ、エネルギーの量はとてつもなく膨大なものとなっていきます。さらに百年が経過し、十九世紀半ばからは電力の利用が一段と広がり、多くの家庭や工場などに電線が引かれるようになってきたのです。

こうしてエネルギーは照明や暖房、給湯などの熱利用、動力（機械や自動車）、発電などに使われるようになりました。そして、そのエネルギーを生み出す源は石炭、石油、天然ガスの他に原子力や自然エネルギーなどが開発されたのです。

まずは、東日本大震災によって国難とも呼べる福島第一原子力発電所の事故を引き起こし、現在最も論議を呼んでいる原子力エネルギーについて認識を深めたいと思います。

原子力発電所事故の真実

ある物質を細かく砕いていき、これ以上小さくすることができないところまで砕いた最も小さな粒が原子ですが、その中心にある原子核を分裂させると、莫大なエネルギーが出ることが一九三〇年代にわかりました。

原子核を分裂させることを「核分裂」と呼び、この原理を使って原子爆弾（原爆）と原子力発電が開発されたのです。核分裂を一斉に起こさせると核爆発が起こるという原理を利用したのが原子爆弾であり、核分裂を少しずつ起こして、そのエネルギーを取り出して発電するのが原子力発電です。

「核分裂」には、ウランやプルトニウムなど最も重い物質が使われますが、逆に水素などの最も軽い物質の原子核を融合させると莫大なエネルギーが発することも発見されました。これは「核融合」と呼ばれ、この原理に基づいて水素爆弾（水爆）と核融合発電が考え出されたのです。水爆は一九五〇年代に開発されましたが、核融合発電は二〇五〇年頃の実用化を目指して、今なお延々と研究が進められています。

原子力発電に関しては、当初から二つの問題を抱えたままスタートしました。

一点目は、核分裂を無理に起こして莫大なエネルギーを放出させると、人類が扱える範囲外の危険な事態を招く恐れがあるということ。二点目は、核分裂後に生まれた物質は、人体に悪影響を与える放射線を何万年にもわたって放出し続けるのにもかかわらず、処理の問題が十分に検討されていなかったということです。

二〇一一年三月十一日、マグニチュード九・〇の海底地震が仙台市の沖合七〇㎞で発生し、福島第一原子力発電所に高さ一四ｍの津波が押し寄せたために、電源喪失事故が起きました。同発電所では原子炉が壊れて核燃料が溶け出し、大量の放射性物質が放出されたのです。

そのため、同発電所の周辺（半径三〇㎞）は放射性物質で汚染されて住民が住めなくなり、十数万人が避難したのです。

東日本大震災の地震・津波による犠牲者は一万六千人に上ると言われますが、福島第一原子力発電所の事故発生に伴う移動やその後の避難生活がもとで亡くなった、いわゆる原子力発電所事故関連の死者は二千名近くにも及びました。また、遭難された方々の救助作業は、車ごと埋もれてクラクションを鳴らして救助を求める人達がいたにもかかわらず、放射能漏れが原因で打ち切られてしまったのです。

放射線を大量に浴びると数年から数十年後にガンなどの病気を発症することが知られていますが、将来そのようなことが起きるのではないかと多くの人々が心配しています。また、周辺の農作物や畜産物、水産物は出荷できなくなり、その他の産業も大打撃を受けたのです。

事故対応全体にかかる費用は今のところ十数兆円に及び、今後いくらかかるか見当もつかない状況なのです。

そして、事故の原因が津波によるものだったのか、それとも地震によるものだったのか、正式な発表はありませんでした。また、どのように事故が進展し、どのように収まったのかも、詳しい状況がいまだ明らかになっていません。事故当初、核燃料を冷やすために原子力発電所の所員はもちろんのこと、自衛隊や警察、消防などが応援に駆けつけ、必死になって放水しましたが、その水が核燃料に届いていたかどうかさえもわかっていなかったのです。

事故発生から数日後、放射線の量が通常の十万倍以上（一万二〇〇〇マイクロシーベルト／h）に達してしまい、所員の大部分が遠い場所へ移動してしまいました。その後、幸いなことに急激に放射線の量が下がったので、移動した所員が戻って来て事故対応に当たることができたのです。この時、急激に放射線の量が下がった理由は、今でもわかっていません。

では、もし事故が収まらずに、そのまま原子炉の破壊が進んでいたらどうなっていたのでしょうか。

当時、内閣府原子力委員会の委員長だった近藤駿介氏（現在の委員長は岡芳明氏）の報告書によると、原発から半径二五〇㎞圏内は人が住めなくなる恐れがあったのです。その範囲には、実は東京から秋田、岩手までが含まれ、なんとそこに住んでいる人は約五千万人にも上りました。当時、福島第一原子力発電所の所長だった吉田昌郎氏（事故から二年四カ月後に亡くなる）が、事故当時の思いを「我々のイメージは、〝東日本壊滅〟

だった」と語っていたことは記憶に新しいですが、吉田所長の直感は間違っていなかったのです。

原子力発電所で使い終わった使用済み核燃料は、人が近づくと一瞬で命を失うような強い放射線を発しています。その放射線は長い間に少しずつ弱まりますが、人体に問題のない程度まで弱くなるまでには数万年の時を必要とするのです。

放射性廃棄物の二つの問題

では、そのような高レベル放射性廃棄物をどのように処分すればよいのでしょう。現在考えられているのは、ガラスで固めた上に鋼鉄製の容器に入れ、何百ｍも地下深くに埋めてしまう方法です。そうすれば、長い間に容器が壊れて放射性物質が漏れ出したとしても、人が生活する地上までは届かないだろうという考えからです。

しかし、それには大きな問題が二つあります。

一つは、数万年もの長い間には何が起きるかわからないということです。例えば、大きな地震が起きて地下の構造がすっかり変わってしまったり、地下水の流れが大きく変わってしまったりするなど、予想もつかないことが起こる恐れがあります。今は安全だろうと思って埋めた場所が、数万年の間にどうなってしまうかを今の時点で予測するのは、とても難しいということです。

さらに二つ目は、危険な物質が埋まっているという情報を数万年先の人々にまで伝え続けられるのかという問題です。私達人類が、文字を使って情報を伝えられるようになってから、まだ数千年しか経っていません。数万年先というのは想像もつかない世界です。どこかでこの情報が途切れ、将来の人々が知らずに地下を開発してしまったら大変なことになるのです。

原子力発電所から出た放射性廃棄物を埋める場所は、いまだに決まっていません。政府は何十年もかけて埋める場所を探していますが、埋めることに同意してくれる市町村が見つからないのです。外国でも埋める場所が決まっている国は、フィンランドだけです。日本と違い岩盤が固くて安定しているので、埋める場所が見つかったと言われていましたが、その場所も地下水が予想以上に噴き出しているなどの問題が指摘されています。その他の国でも日本同様、地域の人に放射性廃棄物を埋めることを同意してもらえず、処理する場所が決められないのです。

原子力発電の燃料であるウランは山から採掘されますが、それを大きな工場で高度な技術を使って加工し、核燃料を製造しています。

ウランの生産量はカザフスタン、カナダ、オーストラリアの上位三カ国で全体の三分の二を占め、その他の数カ国を加えると九割以上になります。つまり、限られた特定の地域でしか採れないのです。

日本ではほとんど採れないので、ほぼ一〇〇%を輸入に頼っています。世界全体の埋蔵量も限られており、今のペースで原子力発電が続けられれば百年程度しかもたないだろうと推測されています。

また、ウランの値段は長い間、安値で安定していましたが、二〇〇〇年代に入ると十数倍に跳ね上がり、その後も大きく乱高下して不安定な状態が続いています。

ウランを山から採掘してくるのも、工場で加工するのも、欧米を中心とする世界的な大企業のみが行っています。

そして、原子力発電所建設には多額の資金や多くの人員、高度な技術や知識が必要となるので、特定の企業しかその能力がなく、アメリカ、フランス、日本の各企業が提携してつくる三大グループ、ロシアと韓国に一社ずつある企業が多くを担っています。また、巨大で複雑な施設である原子力発電所を運転するには、大きな電力会社でないと不可能です。

このように、原子力発電は限られた数の巨大企業が中心となって進めている産業なのです。また、高度な安全性のみならず、核兵器に転用されないよう厳重な管理が求められ、政治や行政とのつながりも深くなります。そのため、経済的にも政治的にも大きな力を持つこれらの企業は利益を過大に得たり、必要な情報を公開しなかったりする危険性もはらんでいるのです。

化石燃料が地球に及ぼす弊害

石炭、石油、天然ガスは発電するための燃料としては、火力発電のためのエネルギーに分類され、「化石燃料」とも呼ばれています。

石炭は何億年も昔の植物（大きな木）が地中深くに埋まり、長い時間をかけてできたもので、石油と天然ガスは大昔の微生物等の死骸からできていると考えられているからです。現在の形からは想像もつきませんが、大昔の生物からできたので「化石」と呼ばれるのです。今、私たちは何億年もかけてつくられてきた資源を、ここ数百年で一気に使い切ろうとしているのです。

今のペースで使われ続けると石油はあと四十年、天然ガスは六十年、石炭は百五十年ほどで掘り尽くされてしまうと言われています。しかし、一九七〇年代のオイルショックの頃にも、すでに「石油はあと四十年ぐらいしかもたない」と言われていたものです。

実は、化石燃料が地中にあとどのぐらい残っているのかを正確に知ることはとても難しいのです。しかし、産油国や石油会社は「少ないので貴重です」と価値を上げようとしているので、本当はもっとたくさん埋蔵されているのではないかと疑っている人もいます。

また、シェールオイルの採掘方法が開発されるなど増加要因もありますが、とにかく正確なことは知る由もありません。

いずれにしても、そう遠くないうちに枯渇していくことに対する心構えが必要だと言えそうです。さらに言えば、日本のような化石燃料をほぼ一〇〇%輸入している国は、産出国と良好な関係を保つことを大切な課題として努力していますが、掘り尽くされるよりも相当早い段階で輸入できなくなることを覚悟しておく必要があります。

石油の値段は長い間安定していましたが、二〇〇二〜〇八年に一気に五倍へと高騰しました。しかし、二〇〇八年九月、「リーマンショック」と呼ばれた世界的な景気後退によって、石油価格は三分の一まで急落したのです。その後、少しずつ値上がりし、リーマンショック前の価格に近づきましたが、二〇一四年に再び急激に半値以下まで下がるなど、乱高下しているのです。

石油価格は、何が要因で決まるのでしょうか。

一つは、需要と供給の関係です。みなさん、よくご存じの二つの直線が真ん中で交わっている、あの需要供給曲線で示されるものです。これは、商品は売る側(供給)よりも買う側(需要)が多ければ値段が高くなり、買う側より売る側が多ければ安くなることを示しています。

例えば、産油国で大きな災害や戦争が起きて石油生産が止まったりすると、供給が減って値段が高くなります。また、どこかの国が急激に経済成長して、石油を多く必要とするといったように需要が増えたりする場合も値段が高くなるのです。

一方、商品の値段に影響を与える要因として、投機というものがあります。投機とは、ある商品の値段が安い時に買っておいて、高くなると売ってその差額を儲けようとすることです。その商品自体は投機を行う人にとって必要はなく、ただの金儲けの道具でしかありません。これまでは、投機の対象は株式や土地、金など、私達の日常生活にとってあまり関係のないものだったのですが、二〇〇〇年頃から石油という私達の生活に必要不可欠な資源まで、その対象となっていったのです。

石油などの価格は、需給関係と投機など人為的な要素が絡み合って決まるとされており、将来的に枯渇することも視野に入れると、今後の情勢を予測することは極めて難しいと言わざるを得ません。しかし、以前のように価格は安定したものではなく、いつどこまで高騰するかはわからないと考えておくことが必要でしょう。

石油は世界中で多くの人々の生活や産業の活動に使われているため、世界最大の産業と言われています。では、一体どのぐらいの規模なのでしょうか。

石油の採掘から加工、販売までを行う巨大石油会社のことを「石油メジャー」と呼びますが現在、欧米に六社ある石油メジャーは、全産業を含めた世界の売り上げランキングトップテンに、なんとほぼ全社がその名を連ねています。

国別の生産量を見ると、アメリカ、サウジアラビア、ロシアの上位三カ国で全体の四割近くを占めます。その他の国もほぼ中近東か中南米に集中しており、特定の地域に限られているのです。いわゆる「アラブの大富豪」のイメージは、限られた産出国と限られた超巨大企業が石油を売って大きな利益を上げているところから浮かんできます。そして、そこから得た経済力をもとに、自分達の利益になるように国際経済や政治に大きな影響を与えているのです。

また、化石燃料は地球温暖化の問題もはらんでいます。石炭のような化石燃料は、十九世紀初め頃から大量に消費されるようになりました。それに伴い、大気中に出された大量の二酸化炭素が原因で地球の温暖化が急激に進行していると言われ、現在の気候変動にも大きく影響を与えていると指摘されています。

生物の体は主に炭素でできていますが、これは、もともと大気中にあった二酸化炭素から炭素を分離して体内に取り込んだものです。そして生物が死んで、その死骸が朽ちたり燃えたりすると、体内にあった炭素は酸素と結合して二酸化炭素となり、大気中に戻っていくのです。

このように生物と地球との循環関係の中で長い間、大気中の二酸化炭素の割合は一定に保たれていたわけです。しかし、ここ二百年ぐらいの間の化石燃料の使用は、何億年も地中に閉じ込められていた大量の炭素を酸素と結合させ二酸化炭素にして、一気に大気中へ放っているようなものです。あまりに一度に放出してしまったため、大気中の二酸化炭素の割合が大きく変わってしまい、バランスを崩してしまったのです。それが地球を温暖化させている原因と言っていいでしょう。

温暖化が進むと、暑い気候で人は病気になったり、天候不順で台風や洪水が増えたり、作物が育たなくなったり、伝染病が増えたり、海面が上昇して人が住めなくなったりと、さまざまな弊害をもたらすとされてきました。そして今や、私達も実生活の中でそれを感じるようになっています。

一九九二年に気候変動枠組条約が結ばれ、地球温暖化を止めるための世界的な取り組みが始まりました。しかし、日本は条約締結後、化石燃料の中でも最も多く二酸化炭素を排出する石炭による発電を増やすなどして批判を浴びました。増やした理由は、なんと「石炭が最も安いから」というものだったのです。

また、各国とも温暖化を止めることには賛成ですが、自国の不利益になることは避けようとして、一部の国々を除き、急な二酸化炭素削減には及び腰です。いわゆる総論賛成、各論反対です。ですから、私達は一人ひとりが地球温暖化に対して高い意識を持つ必要があります。

拡大する自然エネルギー

一方、資源の枯渇とも地球温暖化とも無縁なのが自然エネルギーです。自然エネルギーとは太陽光や風力、地熱、水力、バイオマスなどを指します。ここでは水力とバイオマスについて、若干の説明をします。

水力は、大規模水力と小水力に分類されます。大規模水力は、昔からある川をせき止めて大量の水を溜め、一気に流れ落とした勢いで発電するダムのことです。ダム建設によって村が水底に沈んでしまうので、反対運動が起きたりしていたことを記憶している方も少なくないでしょう。そこに住んでいた人々の生活や自然環境を壊したり、魚の生息や川の自然な働きを妨げたりするので、「自然」とは呼べず、自然エネルギーの範囲に含めていいのか極めて疑問です。

それに比べ、たくさんの小さな水車を河川に設置して、水流をせき止めずに発電する小水力は、発電量は少ないものの、自然を壊さないと見直されており、最近注目されています。

また、バイオマスは不要な間伐材や処分される農作物、あるいは牛の糞など、生物だったものから得られるエネルギーです。このエネルギーは燃やすことで二酸化炭素を出して、温暖化を進めるのではないかと不安視されがちですが、これらは大気中から得た炭素を戻しているだけなので、二酸化炭素を増やすことにはならないと考えられているのです。

このように自然エネルギーとは、環境を壊さずに自然の中からエネルギーを取り出し、その循環を妨げずに利用できるエネルギーのことで、原子力発電や火力発電のように環境を壊したり、人体に害を及ぼしたりすることはありません。これだけでも大変な長所ですが、自然エネルギーは地球上の至るところにあり、無尽蔵に得ることもできると言えます。

このように自然エネルギーは、従来のエネルギー源が抱える問題をすべて解決する「夢のエネルギー」と言われ、一九七〇年代頃から研究が始まっていました。しかし、二〇〇〇年頃までは実用化がなかなか進まないという意味でも、夢のエネルギーだったのです。

しかし、ここ十数年の間で自然エネルギーの普及が急速に進み、夢が現実へと変わってきたのです。

世界的に見ると、まずヨーロッパを中心に普及が進みました。二十一世紀に入ると、水力を除く自然エネルギーの全発電量に占める割合

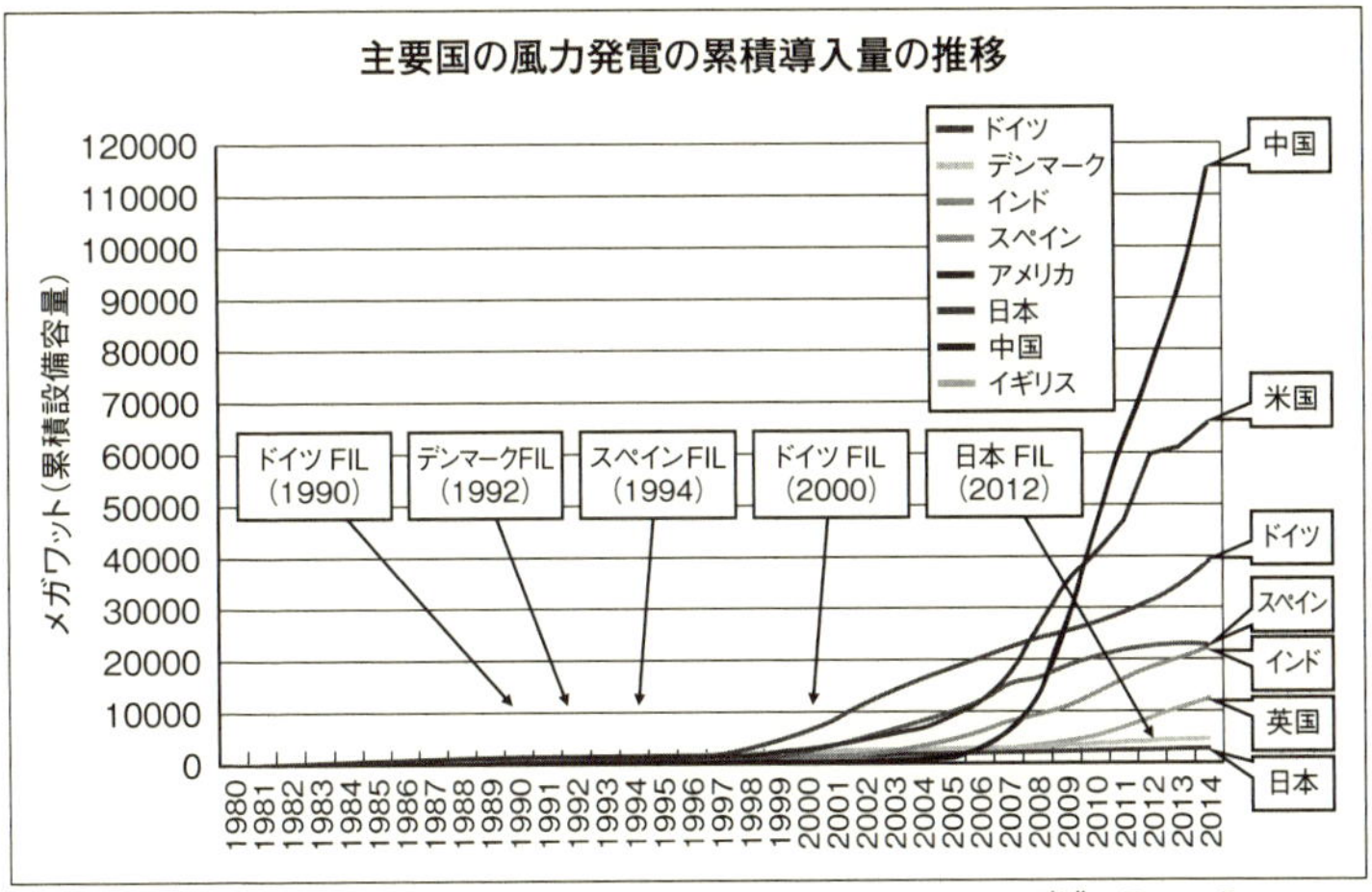

出典：Energy Democracy

は、ドイツでは約三%から約二七%に、アイスランドでは約一%から約三〇%に、スペインでは約二%から約三〇%に、デンマークでは約一六%から約五〇%に増えました。これらの国では近い将来、電力のほとんどを自然エネルギーで賄うことが視野に入っています。この他にも、アメリカや中国がここ数年来、大規模な導入を進めています。世界全体では二〇一〇~一四年のわずか四年間で、自然エネルギーの割合が三・三%から六・二%へと倍増したのです。

日本では二〇一二年からやっと本格的な取り組みが始まり、ここ三~四年で水力を除く自然エネルギーの割合が約一%から約四%に増えました。そのほとんどが太陽光発電です。おかげで、最近は太陽光パネルをほうぼうで目にするようになりました。

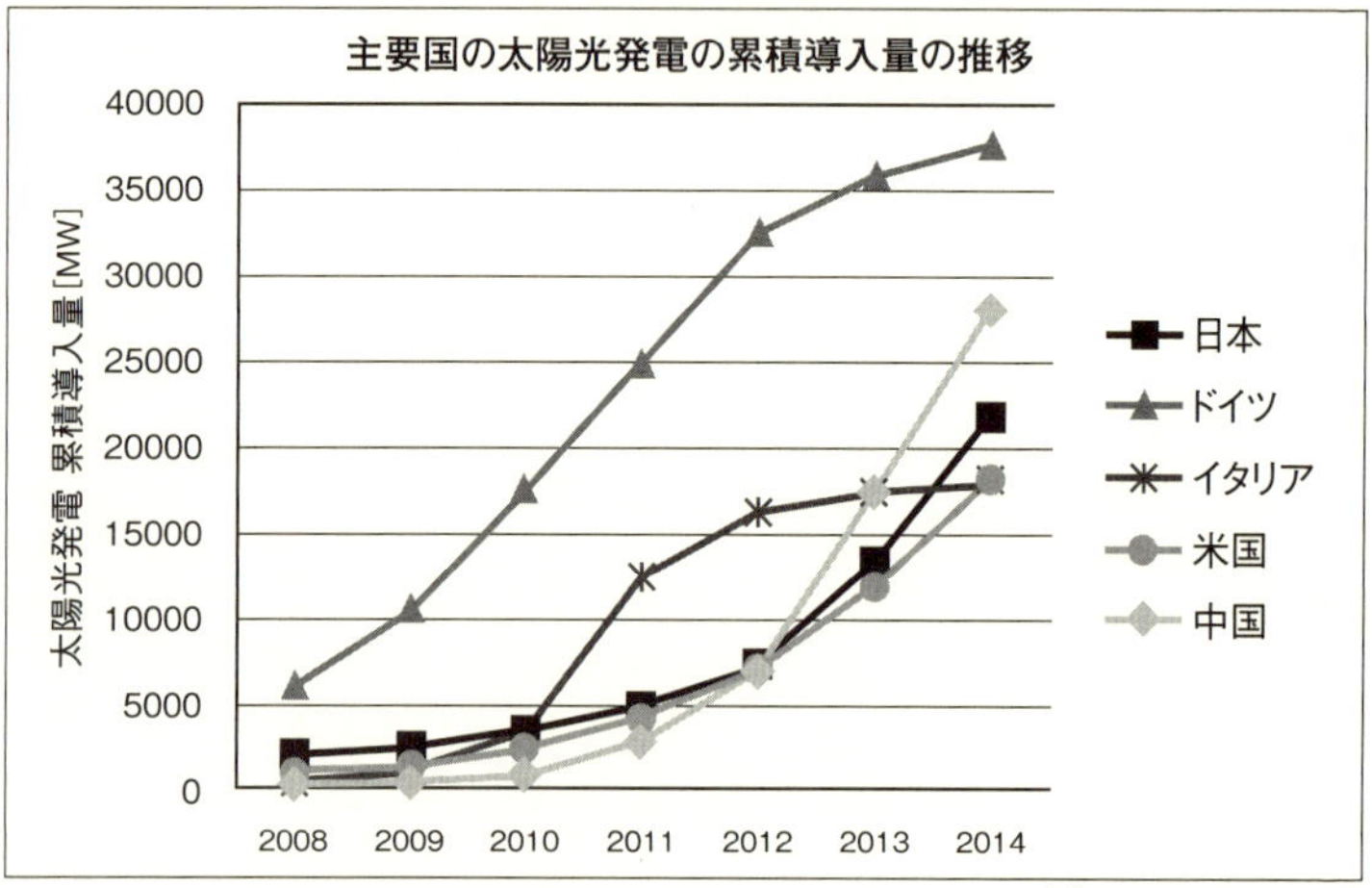

出典：Energy Democracy

実は、二〇〇〇年頃に市民主導で自然エネルギーを増やしていこうという草の根レベルでの運動が高まり、大勢の国会議員の賛同を得て、自然エネルギーを本格的に導入するための制度を定める動きがありました。しかし、「原子力発電を推進するためには自然エネルギーが増えては困る」と考える業界や行政、政治勢力からの強い攻撃を受け、潰されてしまったのです。そのため、取り組みの開始が世界から十年以上も遅れてしまいました。

他の国と比べても、日本は年間を通じて太陽の光が降り注ぎ、陸上でも海上でも風が吹き、森林に恵まれ、大きな地熱の熱源があり、世界でも有数の自然エネルギー資源大国と言われているのです。現在の日本が使っている電力の何倍もの量を自然エネルギーだけで発電できることが調査の結果から証明されています。すでにもう夢ではないのです。

最近、「水素エネルギー」という言葉を耳にする機会が増えています。水素エネルギーの最大の利点は、電気を溜めておくことができるという点です。

これまでは、どんなに高性能の電池でも時間が経つと放電してしまい、いずれ電気が切れてしまいましたが、水素を利用することにより、確実に溜めておけるようになったのです。水は電気を流すと水素と酸素に分解され、その逆に水素と酸素を結合させると電気が起きます。水素を溜めておけば、いつでも空気中から酸素を採って電気をつくることができるので、電気を溜めておくことになるのです。

しかし、水素は漏れ出さないようにすることが難しく、金属に吸わせて閉じ込めると重くなり過ぎるといった問題があり、期待されながらも長い間実用化が進みませんでした。最近、やっと漏れ出さない技術や軽い物質に吸わせる技術が開発され、技術的な障壁はほぼ取り払われたと言えます。

自然エネルギーの利用を進めるための水素の活用方法をいくつか伝えたいと思います。

現在、風力発電や太陽光発電の利用が進んでいる先進各国では、電力需要との差を埋めるため気象情報などをもとに発電量の増減の程度を瞬時に予測し、不足分を火力で発電することで安定供給を行うシステムが運用されています。しかし火力発電ではなく、水素を活用して不足分を補えば、電気を無駄なく使える仕組みに変えることができるのです。それは、自然エネルギーによって得られた余剰分の電気は水素をつくって溜めておき、足りない時はその水素を利用し、電気をつくって補う方法です。しかも、自然エネルギー一〇〇％の安定的な電力供給を達成することもできるのです。

水素を利用することにより、従来の化石燃料に頼っていたエネルギーを自然エネルギーに置き換える方法を、自動車を例にとって二つ紹介します。

一つ目は、自然エネルギーによって得られた電気で水素をつくり、その水素を利用して電気を起こし、燃料電池車を走らせる方法です。燃料電池車の開発はすでに各自動車メーカーが激しく競い合い、市場の獲得に走っています。

二つ目は、自然エネルギーによる電気で水素をつくり、その水素を直接燃焼させて水素自動車を走らせる方法です。水素自動車はまだ実用化されていませんが、さまざまな研究機関で試作車が製造されています。

他の分野でも自然エネルギーへの転換は時間がかかるかもしれませんが、さらなる技術開発によって将来的にはすべて可能になるでしょう。

人類のためのエネルギー戦略

各電力源の値段について考えてみましょう。

日本ではここ十数年、どの電力源がコスト的に安いか高いか、侃々諤々の議論が続いてきました。火力は化石燃料の値段が何倍にも高くなったりするので、なかなか正確なコストが出ません。原子力は「安い」という意見もありましたが、廃棄物の処理や安全対策、福島原発事故の対応などにかかる多額の費用や税金が投入されていることを考えると「高くなる」といった意見もあります。それぞれに都合のいい方法で計算をしていたのです。

福島第一原子力発電所の事故後、政府の大がかりな調査によって導き出された結論は、計算方法の違いで価格が変わってくるが、全体的に見て原子力も火力も水力も太陽光発電を除く自然エネルギーもほぼ同じで、前提条件によって順位が入れ替わってしまう程度の差だったということです。太陽光発電だけは他の電力源の二〜三倍だったので除かれていましたが、ここ数年で急激に普及したため価格も半額まで下がり、近い将来に他の電力源と変わらない程度になると見込まれています。つまり、これで、すべてがきれいに揃ってしまうのです。

それでは、私達が選択すべきエネルギー戦略とはどういうものか考えていきましょう。エネルギーは私達にとって必要不可欠なものであり、それなしでは文化的な生活どころか生きていくことさえ不可能です。そう考えると、将来にわたって私達が確実にエネルギーを得られるようにすることが、最も大切なことだと言えるでしょう。これに異論のある人はいないと思います。

化石燃料もウランも埋蔵量に限りがあり、しかも日本は一〇〇％輸入しています。つまり、他の国に完全にその命運を委ねている上に、時限爆弾を抱えているようなものです。この状況を考えれば、資源が掘り尽くされ、輸入が止まるのがいつかはわかりませんが、危機が訪れる前に私達はできる限り早く、この数十年のうちに自前でエネルギーを賄う体制を構築する必要があります。

今、それを実現できる方法は自然エネルギーだけです。しかも、いったん体制が確立されれば、そのエネルギーを永遠に享受し続けることができるのです。これがもし十数年前であれば、私達はその手段や展望を持ち合わせずにいたことでしょう。しかし、幸いにも現在の私達ならば、将来の自然エネルギー一〇〇％の実現を見通すことができるのです。

それを実現できれば、人々や環境に被害を与える地球温暖化や原発事故の危険性を解消することができ、一石二鳥どころか「一石三鳥」さえ期待できるでしょう。

そのために重要なことは、長期的で一貫した計画を策定することと、国民全体を巻き込んだ議論を行うことだと考えます。エネルギーは多くの人々が使い、産業としても巨大なので、さまざまな人達の思惑や利害が絡み合っています。

「最も大切なことは何か」ということを常に念頭に置き、多くの人々の思いを汲むことで、真のエネルギー戦略の立案が可能になるのです。そして、それは日本だけでなく、人類全体にとって最も望ましいものになるはずです。

第二章

生命の源

今、「水」が危ない！

地球は「水の惑星」と呼ばれ、その大部分が水で満たされています。水は太古から多くの生命を生み育んできました。そして、私達人間やその他の生物の体もまた、水で満たされているのです。

これほど大切な水に関しても、私達人類の大量消費や環境破壊によって深刻な水不足に陥り、一部の人々や地域によっては必要な水も得られなくなるなど極めて重要な問題が起きています。「湯水のごとく使う」という言葉があるぐらい、私達日本人は水に恵まれているので想像がつきませんが、水不足という問題は世界中の多くの国で多く発生し、深刻さを増しているのです。

この数十年で人類が使う水の量は飛躍的に増え、一九五〇～二〇〇〇年までの五十年間に約三倍になりました。その理由は私達の生活様式が変わり、大規模な農業が展開され、工業化が進んだことで生活用水、農業用水、工業用水の利用量がとてつもなく増えたからです。

一般に水は、空と大地と海の間を常に循環しているイメージだと思いますが、実は帯水層と呼ばれる水源の中に長い時間留まっているものもあるのです。帯水層は地下に水が溜まってできたもので、中には何万年もかけてでき上がったものもあります。

近年、急激に増えた水の需要を賄うために、土を深く掘って地下水を汲み上げ続けた結果、帯水層が世界各地で枯れてしまっているのです。長い時間をかけて溜まったものを現代人が短い期間に一気に消費しているということになります。これは、化石燃料に対して人類が行っていることと同じなのです。

さらに、指摘しなければならないのは水の使い過ぎ以前の問題で、利用できる水自体が地球温暖化によって減ってしまっていることです。

温暖化は気候を変化させる作用があるの

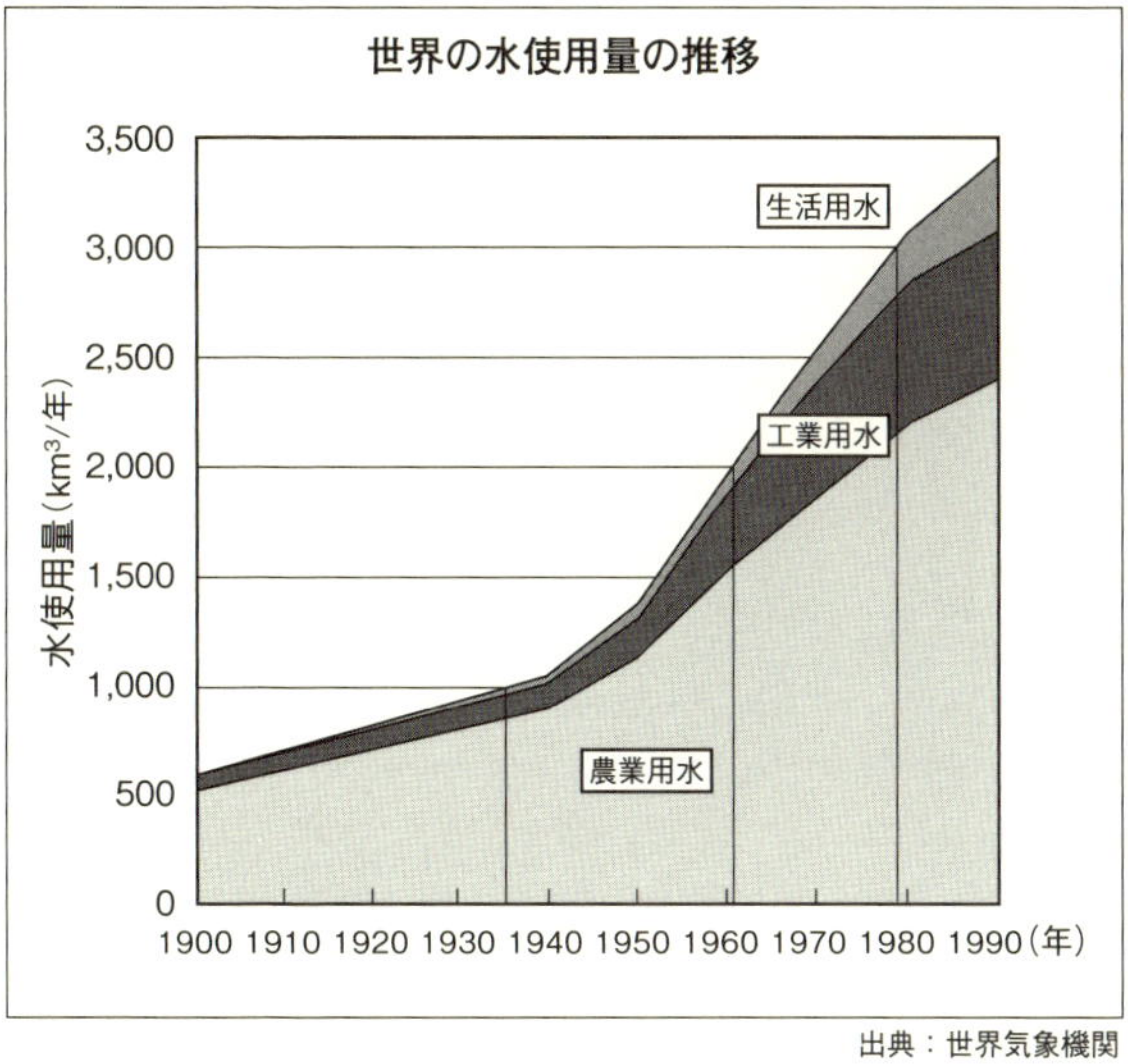

出典：世界気象機関

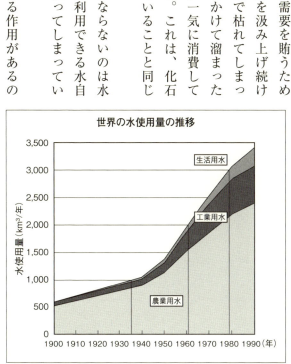

で、雨が降らない地域が生まれ、世界各地で干ばつや砂漠化が進んでしまいました。また、ヨーロッパのアルプス山脈の麓のような、山頂の氷河から溶け出した水を使って生活をしている地域では、氷河が急速に減ってしまったので、水不足に苦しむようになっているのです。そして、温暖化は大気を高温にして蒸発量を増やしてしまうので、地表の水分減少に拍車をかけるという状況をもたらしているのです。

一方で、私達人間の活動のせいで、せっかく降った雨を有効に活用できなくなっているという問題もあります。大規模開発や大農園建設のために行う森林伐採や、増え過ぎた放牧用の牛などが牧草を食べ尽くした跡は土地の保水力が失われ、降った雨が地表に流出するようになってしまうのです。そうした地域では干ばつや砂漠化が進み、土地の劣化が進んでいきます。

このように、地下水を枯渇させるほど大量に水を使用していることや、地球温暖化や森林伐採などの環境破壊を原因とするさまざまな影響によって、深刻な水不足が世界中で起きているのです。

開発途上国には安全な水を飲むことができない人々が多く住んでおり、大変な問題となっています。その上、水自体が不足してきたことで、ますます厳しい状況になっているのです。

現在、世界中で七人に一人は、安全な水を確保できないと言われています。「確保できる状態」とは、「家庭から安全な水源まで一km以内の距離で、一日二〇ℓ以上を入手できる」という状態を示しています。一km近く行かないと水が得られない環境は、現在の日本人の感覚では信じられないことでしょう。世界には、学校へ行くこともできない子ども達が数多くいて、そのような子ども達は家族のために毎日何時間もかけて水を汲みに行かなければならないという現実があるのです。

一方で、新興国における水道事業の民営化に関して問題が起きています。

水道事業は一部、我国でもいくつかの自治体で民営化されていますが、世界では一九九〇年代頃から水道事業の民営化が急速に進み、巨大な水産業が生まれました。フランスのベオリア社を始めとする、ヨーロッパにある「三大水メジャー」と呼ばれる巨大企業が市場の三割を占めているのです。

こうした流れの中で、南米のボリビアでは民営化後に水道代が数倍に跳ね上がり、代金を支払えない貧しい家庭への供給が停止されたために市民の怒りが爆発し、二〇〇〇年には死傷者が出るほどの大規模な暴動が起きてしまったのです。私達が生きていくのに最も大切な水は、安定した供給がなされなければなりません。

しかし、水メジャーやミネラルウォーターを生産、販売するメーカーなどが水源地を買収しようとする動きが世界各地で見られ、これらの企業が水源から水を汲み過ぎるために地元住民が必要な水を得られなくなるなどの問題も起きています。

日本の豊かな水源地も、水資源確保を目的に外国企業による買収が相次いでおり、何の対策も講じられることなく放置されているのは問題だと指摘されています。何らかの強い規制が必要でしょう。

水問題は地球温暖化を防ぎ、農業や工業の無理な開発を行わないなど、非常に大きな枠組みの中で考えるべき重要なテーマです。水不足は人間の命が脅かされたり、農業生産に悪影響を与えたりすることもあり、水の奪い合いによる紛争につながりかねないと懸念されているのです。

農産物が単なる「商品」として扱われる矛盾

人類は一万年ほど前から農業を始めたとされています。それまで狩りをしたり木の実などを採ったりして食糧を得ていた不安定な生活から、自分達で食糧をつくり出す安定した生活へと進化したのです。

初めは自分達で食べる分をつくっていたのが、徐々に道具や農耕技術などが発達し生産力が増えて作物が余ってくると、他の人々へ売るようになっていったのです。つまり、農産物が「日々の糧」から「商品」になっていくのです。

十六世紀以降、ヨーロッパ諸国は植民地にしたアジアやアフリカ、アメリカ大陸で、外国に売るためだけの特定の農作物を大規模に栽培するプランテーション農業を主に奴隷を使って行ってきました。

そのため、現在においてもその仕組みが残り、熱帯地方の途上国では先進国の大企業によって現地の人々が安い給料で雇われ、プランテーション農業が行われているのです。ガーナのカカオ豆、コロンビアのコーヒー、スリランカの紅茶などは、よく耳にするかと思います。

現地ではもちろん、もともとは自分達が食べるために農産物をつくっていました。いわゆる自給自足の農業です。

ところが、プランテーション農業に多くの人が従事するようになると、自分達の食べる物をつくる農業が失われ、必要な食糧を外国から輸入しなければならなくなってしまいました。従ってプランテーションでつくる作物が不作だったり、安い価格でしか売れなかったりすると収入が減り、自分達の食べる物さえ十分に買えなくなってしまったのです。本来、自国の食糧を自給するだけの能力があったのにもかかわらず、宗主国によって飢えさせられてしまうのですから、本末転倒というしかありません。国の農業は、その国の人々の食糧を賄うためのものであるべきです。

しかも、農産物を輸出する国の人々が飢えに苦しむという異常な事態は、現在でもしばしば発生しているのです。

昔から穀物の値段は、需要と供給の関係だけでなく投機の影響も受け、上下してきました。しかし、最近は、投機のお金がケタ違いに多くなり、極端に値段が乱高下するようになってしまったのです。二〇〇〇～〇八年の間、小麦の値段はなんと約四倍になりました。

これでは小麦を主食にしている人達、特に貧しい人々は生きていくことができません。心配された通り、二〇〇八年にはアジアやアフリカ、中南米の十数カ国で、死者を出すほどの激しい暴動が起きました。食糧を買うことができなくなった彼らは、生きていくためには奪うしか方法がなかったのです。

ところがこの時、多くの食糧輸出国はなんと、自分達の食べる分を確保するという名目で、輸出を止めるということをしたのです。第一章で述べたように、お金儲けの手段である投機は結果的に人の命まで奪うことになっているのです。

小麦、大豆、トウモロコシなどの穀物は人々の主食であり、世界中で大量に取引されていますが、これもまた穀物メジャーと呼ばれるアメリカのカーギル社を始めとする欧米の五つの巨大企業によって、取引の約七〇％が占められています。この体制は一九七〇年代に形成され、石油業界と似たような構造で「メジャー」と呼び名も同じです。意味は、「巨大で強力」といったところでしょうか。

穀物メジャーは各地から穀物を買い取り、世界中に持ち込んで売るだけでなく、最近は生産や加工をしたり、牛などの畜産物の取引や加工なども手掛けたりと、食品産業として幅を広げています。そしてやはり、その大きなパワーを行使して各国の政治や経済に影響を与えているのです。

農産物が「日々の糧」ではなく、単なる「商品」として扱われることで大きな矛盾が生じています。工場で物をつくるのであれば、できるだけ低コストで大量に早く効率的に生産することができるに越したことはありません。

それでは「物」ではなく、「生き物」である農産物の場合はどうでしょうか。

多くの農業で、農薬が使われているのが現状です。「農薬」という名前に、違和感を持っている人もいるかもしれません。薬といっても、実際には殺虫剤や殺菌剤、除草剤などをまとめて指す呼び方で、中身は生き物を殺す毒なのです。人体や作物にいいわけがありません。

二十世紀の半ばから農薬が本格的に普及すると、作物の病気や害虫による被害が減り、除草の手間が省けて作業が効率的になり、生産量が増えました。しかし一方で、人体への害が強く、取り扱いを間違えて農家の人々が命を落とす不幸な出来事が後を絶ちません。かつてはヘリコプターなどで空中から農薬が散布され、付近の住民とのトラブルが取り沙汰されていたことを覚えていると思います。一九九〇年代頃までは、猛毒で有名なダイオキシンと似た成分の農薬が使われていたのです。

また、農薬は田んぼや畑に生息する小動物や植物、微生物など全てを死滅させます。いわゆる生態系が破壊されるのです。生き物はそれぞれが役割を果たし、助け合って生きており、どの生き物もその連鎖の輪の中でしか生きていくことができません。つまり、田畑の生き物が死滅することは「土が死んでしまう」状態になることを意味し、作物自体が生きていく環境を失ってしまうことになるのです。

農薬は主に石油からつくられており、製造しているのはいわゆる世界的な石油化学メーカーです。

こちらも世界市場の約七割が上位六社で占められており、数少ない巨大企業が大きな力を持っています。「農薬」とは名ばかりで、実態はまさに「農毒」と呼ぶべきものなのです。

化学肥料は植物が必要とする養分を人工的につくったもので、二十世紀に入って本格的に普及し、農業生産量を飛躍的に増やすことに役立ちました。農薬は人の健康にも環境にも悪そうですが、化学肥料は植物に栄養を与えているだけなので、特に悪いことはないだろうと思うかもしれません。しかし、化学肥料にもいくつもの問題点があるのです。

植物は地中に根を張り、そこから限られた量の水や養分を精一杯吸い上げ、茎を通して葉まで送ります。この作業は植物にとって、とても大変な重労働なのです。そして、この重労働をこなすため、植物には強靭な生命力が必要であり、そのために硬くてしっかりとした根や茎が育つのです。

しかし、化学肥料を与えてしまうと、大量の養分（窒素、リン酸、カリウム他）を簡単に取り込めるため、根や茎から強さや硬さが失われ、組織がグニャグニャの作物ができてしまいます。「最近のトマトは歯ごたえがなくて、味もまずくなった。昔はシャキッとしておいしかったのに」などと言われたりしますが、その理由がこれです。それはあたかも、恵まれた食生活のために生活習慣病にかかった現代人を思い起こさせます。しかも、現代人が抵抗力を失って病気に弱いのと同じように、化学肥料で育てた作物は病気や害虫にも弱いので、大量の農薬を使う必要が出てきます。そうなると、化学肥料と農薬はセットで使わないといけないということになるわけです。

また、化学肥料には環境を汚染する成分が含まれており、田畑の土から地下水を通って汚染が広がっていくことが問題となっています。化学肥料の原料は、化石燃料とミネラルを取り出す鉱石です。このように農薬も化学肥料も、化石燃料が主な原料となっているのです。

大量の農薬や化学肥料の使用が前提となっているのが、遺伝子組み換え作物です。これは作物の味や性質などを変えるために遺伝子を操作するので、一九九〇年代にその安全性をめぐり大きな議論となって、マスコミでも報道されました。現在はその安全性が厚生労働省によって確認されたので、主に味噌や醤油などの加工食品の原料や、あるいは飼料として日本にも輸入され始めていますが、以下の二つの点で問題があると思います。

一つ目は、何を目的にして遺伝子が組み換えられているかという点です。実は、これは農薬開発の歴史と深く関わりがあります。

まず、ある除草剤が開発され、雑草に撒くと最初こそ枯らすことができますが、何年かするとだんだん効かなくなってきます。耐性がついてくるからです。そして、もっと強い除草剤を開発して散布しますが、それも時間が経つと効かなくなり、それを繰り返していくと、やがて雑草は枯れずに作物の方が枯れてしまいます。毒性があまりに強すぎて、作物の方が耐えられなくなってしまったのです。そこで、今度は非常に強い除草剤にも耐えられる作物が必要になり、遺伝子組み換え技術が考案、活用されたのです。現在の遺伝子組み換え作物の多くは、強い除草剤に枯れないことを目的としてつくられたものです。

つまり、現在流通している遺伝子組み換え食品は、とてつもなく毒性の強い農薬を大量に浴びて育った作物からできている可能性が高いのです。

二つ目は、遺伝子組み換え作物自体が人体や環境に悪影響を与えるのではないかという点です。

安全性に対する疑問に応えるため、遺伝子組み換え作物を生産している海外の大手メーカーが、マウスに遺伝子組み換えされた餌を与える実験を三カ月間行った結果、「問題がなかったので安全」という報告書が出されました。

それに対し、フランスのカーン大学の研究チームがそのメーカーと同様の実験を二年間続けたのですが、二〇一二年に「悪影響がある」と発表しました。その実験結果と同時に公開された写真は、異様に膨れ上がったマウスの体中に腫瘍がいくつもできている衝撃的なものでした。インターネット上で見ることができますが、目にするにはかなりの勇気が必要でしょう。

最近、「F1種」というものが問題となっています。耳慣れない言葉かと思いますが、

Ｆ１とは「雑種一代」という意味で、別々の品種を掛け合わせて生まれた一代目のことを指します。このようにしてつくられた作物は生育も早く、収穫量も多いので農家では重宝され、現在日本で売られている野菜の九割近くを占めるようになりました。しかし、そこにも大きな問題があります。

Ｆ１種は種子ができないか、たとえできたとしても本来の作物とはまったく違うものになってしまうのです。そうなると、農家は自分で次の世代の作物をつくることができず、種子を毎年買わなければならないわけです。ここにＦ１種をつくる目的があるのです。

種子を生産する企業は「種苗会社」と呼ばれ、その多くは世界的な巨大企業です。世界中の農家が自らが栽培した作物から種を採らずに買うようになるわけですから、種苗会社は莫大な利益を得るようになります。「種を制するものは世界を制す」という言葉までできたほど。

Ｆ１種の普及は、農家を種苗会社に依存させることになってしまいました。特に、途上国の農家は高い種子を買うことで生活が苦しくなり、深刻な社会問題を引き起こしているのです。さらにＦ１種を食べ続けると、体に悪い影響を与えるのではないかと心配する声もあります。

食の未来を変える有機農業の可能性

このように、農薬や化学肥料には大変な害があるのです。これが、日本の農業の現状です。しかし、これらを使わない有機農業を行おうとすると収穫量が大幅に減ってしまい、十分な収入が得られなくなるという問題がありました。ところが、実はこの問題を解決する新しい農法が我国で多く生まれているのです。

まず、有機肥料から話を始めたいと思います。化学肥料と区別して、ずっと昔から使われていた肥料を「有機肥料」と呼び、日本では残飯を発酵させた物や糞尿、草木を地中に埋めて腐らせた物、灰などが有機肥料として使われてきました。つまり、有機肥料とは生物だったものや人間から排出されたものです。昔の農村風景を思い出していただくとよくわかるのではないでしょうか。

人間のような生物の体は、主に炭素からできています。植物もまた人間や動物のように、有機肥料から炭素を栄養として摂取していると思われるかもしれませんが、ちょっと待ってください。植物は二酸化炭素を取り込み、そこから炭素を摂っているので、もう炭素は必要ないはずです。では、肥料に含まれていた炭素はどこへ行くのでしょうか。実は、肉眼では見ることのできない、土中に住んでいる菌が食べていたのです。

植物は生きていくためには窒素が必要なのですが、空気中にふんだんにある窒素を直接取り込むことはできません。そこで土の中にいる菌の力を借り、間接的に取り込んでいるのです。このように植物は、地中の微生物である菌などとの助け合いの中で生きているのです。

そんな微生物の働きに着目して、特に有用なものを選び抜き、互いの相乗効果を最大限に高める農法がいくつかあります。中でも、琉球大学教授だった比嘉照夫氏が開発したEM農法は有名で、農薬や化学肥料を使った農業に負けないぐらい収穫量が多く、病害虫にも強いのです。また、それぞれの地域に生息する土着の菌を活用して、高い成果を上げている農法もあります。日本の微生物農法は世界中に広まっており、国家事業として推進している国々も多くあります。

動物を利用することで農薬や化学肥料が不要になり、さらにそれ以上の効果をもたらす農法も開発されています。

例として、アイガモによる農法を紹介したいと思います。田んぼで鳥を飼うなんて意外な方法だと感じられるかもしれませんが、実は古くから日本で行われてきた伝統的な農法です。しばらく途絶えていたものの、福岡県でアイガモ農法を行っている古野農場の古野隆雄氏らの力で最近復活したものなのです。

まず、アイガモを田んぼに放つと雑草や害虫を食べてくれるので、除草や害虫を取り除く作業をする必要がありません。そして、アイガモの糞が稲の養分となるので、肥料を入れる手間が省けます。さらに、アイガモには稲の根元をくちばしでつつく習性があり、これが適度な刺激となって稲の成長を促進することがわかったのです。また、アイガモが泳いで田んぼの中の水をかき回すことによって水中に新鮮な空気が取り入れられ、稲に好影響を与えます。このように、さまざまな効果が生まれるのです。

アイガモ農法には、さらにもう一つメリットがあります。一年間、田んぼで働いたアイガモを食用として出荷することができるのです。アイガモの気持ちに立つと少しかわいそうな気もしますが、これも産業ですから仕方ありません。

この農法は主に水田で稲作を行うアジア諸国に広まり、効果を上げています。

有機肥料も動物も使わず、まったく自然に任せる農法もあります。「自然農法」と呼ばれるもので、外から何かを加えるということを一切せずに、自然が本来持っている力だけを活用して収穫を高める方法です。

先駆者としては、愛媛県で実践した福岡正信氏が有名です。また、自然農法の中でも不可能だと言われていたリンゴの栽培に成功した木村秋則氏の物語『奇跡のリンゴ』は、ベストセラーとなり映画化もされました。

一般の農業では作物が水や養分、日光を独占できるように雑草を抜きますが、自然農法では抜かずに伸び放題にしておきます。

なぜなら、自然農法では作物だけでなく、そこに生息する生き物すべてを育てるからです。他の植物も生かしてしまうと、作物の取り分が減ってよく育たないのではないかと思うかもしれませんが、そうではないのです。

田畑には作物の他にたくさんの微生物や昆虫、小動物が生息していますが、雑草を抜かなければ、さらに多様な植物が加わり、お互いの役割を果たしながら相乗効果で豊かになっていきます。それぞれの生物がたくましく育つ中、作物もその一員として育ち、大きな実をつけるのです。そこでは生態系のバランスが取れているので、特定の病原菌や虫だけが大発生することもあまりありません。前述の木村氏を描いた映画でも、畑の雑草を抜くのをやめて雑草が生えたあとに、リンゴの木が一斉に実をつける場面は大いに感動を呼びました。

自然農法は「育てる」というよりも、「生かす」という捉え方なのです。そして、今ではヨーロッパやアジア、アフリカなどにも広まり、成果を上げています。

人と魚が共存していける漁業

世界全体の漁獲量は一九五〇〜九〇年頃までに五倍に増えましたが、その後の二十数年間はほとんど増えていません。私達の魚を獲る量が限界を超えてしまったのです。あまりにたくさんの量を一度に獲り過ぎたために次世代の魚が育たず、数が減ってきた魚も多く出てきました。

例えば、私達日本人が刺身にしてよく食べるマグロは日本だけでなく、各国が競い合って獲ったために数が減ってしまいました。そのため、それぞれの国が漁獲可能な上限を取り決めましたが、いったん減った魚を増やすのは難しいのです。このように現在、魚の獲り過ぎが最大の問題となっているのです。

養殖魚は、世界全体では漁獲量が頭打ちになった一九九〇年頃から急激に増えていきました。その時点で漁獲量の二割程度だった養殖魚は、二〇一〇年には九割近くまで増えたのです。そのほとんどはアジアの国々が占め、トップの中国はなんと全体の半分を超えています。

日本では海で獲りづらくなったマグロを補うため、養殖マグロを育成する研究が進み、二〇〇二年に近畿大学水産研究所がついに成功しました。「近大マグロ」と名付けられ、卵からの完全養殖として大きなニュースになったのは記憶に新しいところ。

養殖魚が増えることで、海や川にいる天然魚をこれ以上獲らずに済むことが期待できますが、一方でいくつかの問題点も指摘されています。

まず、小さな天然魚を養殖魚の餌にすることが多いので、出荷した養殖魚の何倍もの量の天然魚が餌として必要になり、天然魚の保護になってないとの意見があるのです。また、病気の予防のために餌に混ぜている薬物が、魚を食べた人に悪い影響を与えるのではないかと心配

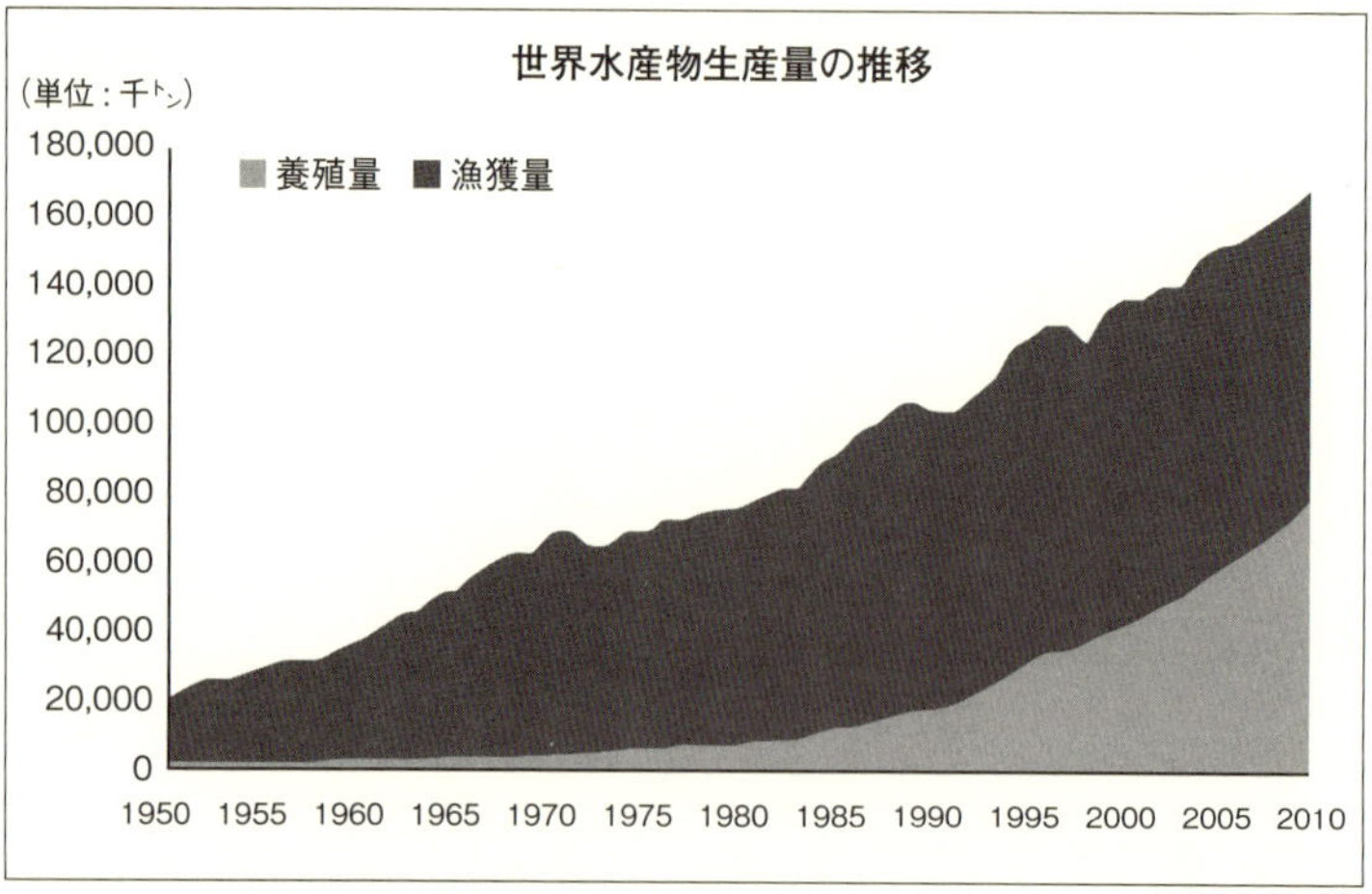

出典：みなと新聞

する声もあります。さらに餌の食べ残しや糞が海を汚していることや、密集して育つ場で病気が蔓延しやすいこと、同じ親の子孫ばかりになるので体が弱くなることなどが問題とされています。

本来、自然の中で育つ魚を人工的に育てるのには、さまざまな難しさが伴うことがおわかりでしょう。

我国では、漁業は仕事がきつく十分な収入も得られないため漁師のなり手が少なく、高齢化も進んでいます。漁に出た漁船は可能な限り早く、そして多く獲ろうとするので、あまり育ってない小さな魚や質の悪い魚を獲ってしまい、結果として安値でしか売れないことがしばしばあります。また、長い時間をかけて漁を行うので、漁場の魚を減らすことにもつながり、大漁の日には一斉に出荷するので、市場で魚の値段が下がってしまうこともよくあるのです。漁師にとっても、魚にとっても、誰のためにもならないやり方が続けられてきました。これでは、自分で自分の首を絞めるようなものです。

これらの問題を解決していくために参考になるのがヨーロッパ、特にノルウェーやアイスランドのシステムです。これらの国々では漁場全体の上限枠を定め、それを漁船ごとに割り当てて、漁場全体の魚の数が減らないように工夫しています。各漁船は、魚が十分に成長した頃に漁に出て規定の数を獲ったら帰ってくるので効率もよく、質のよい魚を高い値段で売ることができるのです。さらに、漁師はお互いに漁に出る日をずらし、出荷が集中することがないので魚の値段が下がることもありません。

このように彼らは安定して高収入が得られ、結果的に休日も多いのです。しかも、漁場を荒らすこともないわけですから言うことありません。

魚を減らさずに今後も漁業を続けていくためには、「漁場全体としても、漁船ごとにしても、漁獲量を定めて守ろう」ということが必要であり、それによって人と魚が共存していけるのです。

持続可能な生産システムの構築が急務！

日本の食糧自給率は一九九八年から現在まで三九～四一％で推移しており、ほとんど変わっていません。ちなみにその間の目標は五〇％で、これも変化がないのです。

多くの先進国は一〇〇％に近いか、もしくはそれを超えています。その理由は、「食糧は国民にとって必要不可欠なものなので、何かあっても間違いなく確保できるよう一〇〇％に近づけるべきだ」という考え方で努力しているからです。「食の安全保障」とも言えるでしょう。

農産物は完全に市場原理に任せてしまうと、価格面で輸入作物に負けてしまうという問題があります。その理由の一つは、農業は特に人件費の割合が高いため、人件費の安い途上国などに対して日本は太刀打ちできないという点です。

そして、もう一つはアメリカやカナダ、オーストラリアなどの広大な耕地で大規模に機械化された農業は作業効率がよく、コストも抑えられるので、これもまた日本の狭い国土では真似できないという点です。どちらも難しい状況のように思えますが、ヨーロッパなどの国々ではこれらの問題を乗り越えるため、政府が積極的に関与して自給率を上げるさまざまな取り組みを行っています。

言うまでもなく、食糧は私達が生きていく上で必要不可欠なものであり、将来にわたって確実に得られるようにすることが最も大切なことです。

まずは、自給率一〇〇%を目指すことが必要です。私達の命を他国の農業に委ねることはできません。どの国においても、自分達が生きていくために必要な最低限の食糧は自給するべきと考えます。水問題にしても、地球温暖化を防ぎ、農業や工業の無理な開発をやめるなど、非常に大きな枠組の中で解決を図らなければなりません。

農業は持続できる生産システムに変え、生産量を増やしていかなければなりません。

漁業は魚の数が減る限度を超えて獲らないように、漁業システムをつくり変えていくことが必要です。では、具体的な農業戦略はどのように立てるべきでしょうか。

従来のような農薬や化学肥料を使う農業を続けていくと土地が死んでしまい、作物が弱くなっていき、続けることが難しくなっていきます。その上、農薬と化学肥料の原料は化石燃料なので、それが入手できなくなると続けられません。いずれにせよ、長く続けていける農法ではないのです。

将来にわたって長く続けていくには、自然の力を利用した有機農業しかありません。日本で効果の高い農法が数多く開発されているので、これらを最大限活用して普及していくことで可能になるでしょう。また、それが実現できれば、農薬や化学肥料による健康や環境に与える害もなくなり、私達は食糧を確保できる上、より健康に生きていくことができるのです。その実現のためには、より多くの農家へ有機農業の技術を伝える体制や有機農業への移行を経済的に支える仕組み、有機農産物の流通経路などの整備を行うとともに、消費者である私達が意識を高めることが大切です。

そして、高い技術を持つ我国が有機農法を世界に広め、各国での実現を助ける役割を果たすべきなのです。そうすることで、人類全体が将来にわたって食糧を確保できる体制を実現できるのです。

第三章

経済の源

お金が持つ三つの機能

私達は日々、お金を使って生活をしています。お金は、私達一人ひとりの人生に強い影響を与え、時には命さえも奪いかねないほどの力があります。お金は、言うまでもなく私達人間がつくり出したもので、自然にできたものではありません。しかし、「お金の仕組み」は人間の意志を超え、逆に人間をコントロールしているかのように見えます。

本章では普段、当たり前のように捉えている「お金の仕組み」について、深く掘り下げて考えてみたいと思います。

普段、何気なく使っているお金には、どのような機能があるのか改めて考えることはないと思いますが、整理すると次の三つがあるとされています。はるか昔に、人々が物々交換をしていた頃を想像しながら考えてみるとわかりやすいでしょう。

まず一つ目は、交換の手段としての機能です。よくある例え話で、山の民が大根を、海の民が魚を、それぞれ持ち寄り交換する場合、大根が三本欲しい海の民は、山の民がちょうどそれに見合う量の魚を欲しがっている時でない限り、交換してもらうことはできません。しかし、お金があれば、それで大根を三本買うことができます。そして、山の民は自分が欲しい時に欲しい分だけ、お金を払って海の民から魚を買えばよいのです。このように、お金の働きで物の取引がとても便利になったのです。

二番目は、価値の尺度としての機能です。物々交換の時には、一本の大根と魚何匹を交換すればよいのかはっきりしませんでした。しかし大根が一本百円、魚が一匹五十円などと値段を決めると、一本の大根と魚二匹が同じ価値だとはっきりするので取引しやすくなったのです。

三番目は、価値の貯蔵という機能です。「価値の貯蔵」とは難しい言葉ですが、「価値がいつまで経っても減らない」という意味です。例えば五十円の魚を買っても、すぐに腐ってしまうので価値はなくなってしまいますが、五十円のお金はずっと価値を持ち続け、いつでも五十円として使えるのです。

ここで注意すべき点があります。それはお金の機能のうち、一番目の「交換の手段」と二番目の「価値の尺度」は取引を活発化させる方向に向かわせますが、三番目の「価値の貯蔵」は取引が行われない方向へ向かうという点です。

お金が発明されたことで、人々は他人がつくったものや獲ったものを手に入れやすくなったので、手分けして別々に作業をするようになりました。その結果、専門的な仕事をする人が増え、技術も発達し、社会が豊かになっていったとされています。しかし、一方で価値の貯蔵ができるようになったため、お金を使わずに貯め込む人が出てきてしまいました。腐ってしまう物であれば自分で食べたり、人にあげたり、何かと交換したりするはずですが、お金だと価値の貯蔵ができるので貯め込んでしまうのです。

取引を行いやすくし、人々が必要なものを手に入れ、そして豊かになるようにお金が発明されたはずですが、それとは逆の結果を生むような性質を同時に含んでいたのです。

お金は誰が、どのようにして、つくったのか

私達がお金を得るためには、働かなければいけません。では、最初にお金をつくった人は、どのようにしてつくったのでしょうか。

現在の硬貨のように金属でつくられたお金がなかった時代は、お金は牛や塩、貝殻でしたが、今から三千年近く前に現在のトルコにあったリディア王国で、金や銀などの金属を加工してつくった鋳造貨幣が生まれました。当時のお金は、材料である金や銀そのものが価値を持っていたので紙幣とは異なり、他のお金以外の物との価値の違いはな

かったという捉え方もできます。そのため、当時は金山や銀山が新たに発見されて採掘できないと、お金を大量につくることはできませんでした。

ヨーロッパでは十六世紀以降にアメリカ大陸から大量の金銀が流入するようになると、富裕な地主や商人達は盗まれることを恐れて、頑丈な金庫を持つ保管業者に金銀を預けるようになりました。そして保管業者は金銀を預かると、それを証明する預かり証を発行し、預け主に渡していたのです。

その当時は、取引の決済は金銀を受け渡して行っていました。そのため、預かり証を保管業者に渡して金銀を引き出して支払い、その後、受領した人が保管業者に金銀を預け、預かり証を受け取っていたのです。しかし、そのやり取りは面倒である上に金銀を持ち運ぶのは不便で、取引の運搬過程で盗まれる危険も伴っていました。そのため、やがて金銀ではなく、預かり証だけを受け渡しすればより安全で便利だということで、取引の決済は預かり証を受け渡しによって行われるようになったのです。そして、これがのちの紙幣へと進化していきました。

さらに十九世紀頃になると、紙幣が発行されるようになりますが、多くの国は「金本位制」という制度を設けます。これは、紙幣と金をいつでも交換できるという制度です。この頃までは、「お金」が実際の「価値」と結びついていたのです。第二次世界大戦後は協議の上、アメリカのみが金本位制を採ることになるのですが、それも一九七一年には終了してしまったのです。金とドル紙幣が交換できなくなったことを当時のアメリカ大統領だったリチャード・ニクソンの名前にちなんで、「ニクソン・ショック」などと称されたりしたので、聞き覚えのある方も多いでしょう。

金本位制の時代には保有する金の量を超えて、お金を発行することはできませんでした。なぜなら、それ以上発行してしまうと、金との交換を求められた時に応じられなくなってしまうからです。では、金本位制が廃止された現在、どれほどの量の紙幣を発行できるのでしょうか。なんと、実は制限はまったくなく、理論上は好きな時に好きなだけ紙幣を発行できるのです。

また、金貨や銀貨を使用していた頃は当然、原料の採掘や加工のコストがかかりました。金本位制の時代も金を買って保管しなければならなかったので、やはりその分のコストがかかっていました。しかし、現行の制度だと紙に印刷するだけなので（一万円を一枚発行する原価は約二十円）、以前ほどコストはかかりません。その上、際限なく発行できるので、現在のお金の発行は、まさに無制限な状態なのです。「そんなバカな話があるのか」と、感じる人も多いかもしれません。しかし、これが実態なのです。

では、お金を発行するシステムを管理しているのは誰なのでしょうか。現在、多くの国では政府が紙幣を発行するのではなく、権力者とは別の「中央銀行」がお金を発行しているのです。日本では略称で「日銀」と呼ばれる日本銀行がそれにあたります。

昔は、日本や中国など多くの国々では時の権力者がお金を発行していました。天皇や将軍、皇帝が部下や民衆にお金を分け与えていたのです。ところが、これに対しヨーロッパでは、前述した「金銀の保管業者」が「銀行」になり、国王のお墨付きを受けて「金銀の預かり証」が「紙幣」になっていくという経緯がありました。そのため、権力者とは別の者がお金を発行するという形が生まれ、その流れを受けて今では多くの国々で中央銀行がお金を発行しているのです。

ヨーロッパで生まれた制度を採ったため、政府は必要な時に自らお金を発行することができず、中央銀行などから利子付きでお金を借りなければならなくなりました。その返済は、私達国民が税金を払って行わなければなりません。このように考えると、何か損したような気分になるのではないでしょうか。

紙幣を刷るわけではありませんが、中央銀行以外にお金をつくり出す権限を持っているところがあります。それは、私達がよく利用する市中銀行です。

銀行は私達が預金しているお金をそのまま誰かに貸し出していると思われがちですが、実は違うのです。なんと、銀行は預金されている金額の何倍かの金額を貸し出してよいことになっています。

例えば、十倍まで貸してよい取り決めになっていれば、十億円の預金に対して百億円を貸し付けることができるのです。九十億円分は「持っていないお金を貸している」、つまり「九十億円をつくり出している」ことになります。

私達は普段、人に物を貸す時、「持っている物」を貸します。「持っていない物」を貸すことはできません。では、どうして銀行だけが、このようなことが許されるのでしょうか。

前述したヨーロッパの金銀の保管業者に話を戻します。金銀の預かり証の受け渡しで取引の決済が行われるようになると、保管業者は預かっている金銀を担保にして、預かり証を貸し付けて利子を取るようになりました。いわゆる「貸金業ビジネス」を始めたのです。

そして、多くの人が金銀を預けっ放しにするので、「バレることはない」と思ったのでしょう。こともあろうに預かっている金銀の量を超えて預かり証を発行し、貸し付けるようになったのです。当初、これは法律で禁止されていましたが、十七世紀にイギリスの国王が巨額のお金を貸してもらうことと引き換えに許してしまったのです。

このビジネスが法律で認められると「保管業者」は「銀行」へ、「預かり証」は「銀行券」へと変わっていきます。さらに十九世紀になると、一部の銀行は国から指定されて中央銀行となり、発行する「銀行券」は「紙幣」となっていくのです。その一方で、他の銀行は民間銀行として残り、銀行券は発行できなくなりましたが、前述の「預金を超える量を貸し出す権利」は持ち続けます。このように、何百年か前のある国で行われた特殊な取り決めが、今では世界全体の共通ルールになってしまったのです。

では、お金はどのようにしてつくられるのでしょうか。別な言い方をすれば、どのようにしてこの世に生まれてくるのでしょうか。

まず、中央銀行は自らが発行したお金で、民間銀行が持つ国債や社債などを買い取ります。民間銀行がその代金を受け取ることで、この世にお金が送り込まれることになります。しかし、中央銀行が国債を持っているということは国が中央銀行に借金をしていることであり、その借金は私達国民が返さなければならないことになるのです。つまり、中央銀行がお金を発行した時は、必ず誰かが借金をする形になっているのです。

それでは、民間銀行がお金をつくり出す時はどうでしょうか。こちらは、ずっとわかりやすいはずです。

私達がお金を借りる時、銀行は実際には持っていないお金（帳簿上の数字）をつくり出し、貸すのですから。例えば、住宅ローンを組んで三千万円を借りた時、銀行で行われることは、帳簿と通帳に三千万円という数字が印字されるだけです。私達にとって人生をかけて返済する最大のイベントも、「そんなものか」という驚きの現実なのです。

このようにこの世に出回っているお金は、実はすべて国や誰かの借金なのです。「預金」も、もとを辿れば「借金」なのです。

お金がお金を生む「利子」とは何なのか

お金がこの世に生まれる時、必ず誰かに貸し付けられるわけですが、その場合は必ず利子が付きます。実は、この「利子のあり方」が現在の金融システムにおいて最大の問題なのです。これまで述べてきた通り、この世のお金はすべて中央銀行か民間銀行のいずれかから貸し出されたお金なので、合計すると貸し出された額しか存在しないはずです。それでは返済時、利子分のお金はどこから調達すればいいのでしょうか。

実は、調達できるところなどありません。利子分のお金はこの世に存在しないのです。つまり、私達が利子分のお金を返すことは原理的に不可能であり、「できない」ことを強制的に「させられている」のです。

この問題については、オーストラリアのラリー・ハニガンが「地球プラス五％」という論文の中で寓話を用いてわかりやすく説明しているので、以下にその概要を紹介します。

物々交換しか取引手段がなかった町で、ある日、一人の金細工師が通貨システムを提案する。それは、彼が作った金貨を人々に貸し出すので、百枚貸した場合は一年後に百五枚返して欲しいというものだった。五枚は金細工師への手数料であり、利子と呼ばれた。

一年後には、ある人は借りた以上の金貨を持っていたが、最初につくられた金貨の量は決まっているので、他の誰かは借りた金貨より少ない枚数しか持っていなかった。そのため、その人は金細工師に資産を担保として取り上げられてしまう。誰もが追加分の五枚の金貨を集めようとしたが、それはとても大変だった。

町全体が借金から抜け出すことは、実は不可能だった。なぜなら、たとえ全額を返済しても、百枚の金貨に対して誰にも貸し出されていたわけではない五枚の余分な金貨を支払わないといけなかったからだ。利子を払うことは不可能だということを金細工師だけが知っていた。なぜなら、その利子分の追加の金貨はもともとつくられてはいなかったからである――。

この寓話は、現在の金融システムの本質を鋭く衝いています。「みんなが努力すれば、みんなが上手くいく」ことはなく、「みんながどれほど努力しても、一部の人しか上手くいかない」ように、最初から仕組まれているということです。

それでは利子分を返せないと、どうなるのでしょうか。二つの場合が考えられます。借金が返せなくなり、土地や家などの財産を取り上げられてしまうか、あるいは借金を返すためにさらに借金を重ね、その繰り返しが永遠に続くという、いずれにしても救いのない話です。実は、知らないうちに私達はこのような状況に置かれているのです。

そう考えると、「お金がこの世に生まれる時の借金」を返済する際に利子を付けなければならないという制度は、どこかで必ず破綻する者を生み出す仕組みになっているのです。

そもそも私達はなぜ、借りたお金を返す時に何%かの利子を払うのでしょうか。もし、誰かにお金でなく物を借りたなら、その物を返すだけで少々の謝礼をするぐらいではないでしょうか。

しかし、お金の場合はそうではありません。住宅ローンの例で言えば、ひと頃の年利五%であれば、三千万円を三十年で返済する場合、利子だけで二千三百二十五万円を払わなければなりませんでした。どうして、お金だけは返済時にそんな「余計なもの」を払わなければならないのでしょうか。

実は、利子が求められる理由には明確に決まったものがなく、さまざまな考え方があるのです。ちなみに十三世紀のヨーロッパでは、キリスト教の会議で次のような三つの理由なら利子を得てもよいのではないか、とされていました。

一つ目は、返済が遅くなることに対して支払われるという「延滞金」のようなもの。二つ目が、貸金業の人達の労働に対する賃金という考え方。いわゆる「手数料」です。三つ目は、貸したお金が無事に返済されないかもしれないので、それに備えるために払うもの。「保険料」と捉えられるでしょう。

これら以外にも、「自分でそのお金を使って金儲けをしてもよかったが、それをせずに人に貸してあげたので、儲かったであろうと思われる分を利子として受け取る」という考え方もあります。いずれにしても「利子を得る」ということが、決して当たり前のことではなく、さまざま事情や考え方があって現在の形に至ったことが理解できたかと思います。

では、利子が過去から現在までどのように捉えられてきたかを知るために、その歴史を辿ってみましょう。二千年以上前、古代ギリシャの有名な哲学者アリストテレスは、「お金は交換の手段であって、儲けるための手段ではない」と考え、「お金がお金を生むのは自然の理に反している」と語ったと伝えられています。また、キリスト教では聖書に利子を得ることを禁じる記述があります。「利益を期待せずに、貧しい人にお金を貸してあげなさい」という教えがあり、「利子を得ることは、人々を苦しめる悪いこと」とされたからです。

　そのため、ヨーロッパ諸国で利子を得ることが認められたのは、産業が発展してきた十六世紀以降のことです。そして、キリスト教の総本山であるカトリック教会が認めたのは十九世紀に入ってからなので、かなり最近だと言えます。さらにイスラム教に至っては、現在でもなお禁止されているのです。

　今では利子を得ることは当たり前のように思われていますが、このように人類の長い歴史の中では、利子が禁止されていた時期や地域があったというのが実態なのです。

　不景気の昨今、「経済が成長しないと困る」などと私達はよく口にしますが、そもそも「経済成長」とはどういうことなのでしょうか。そして、それはお金とはどのような関係にあるのでしょうか。

貯蓄は美徳ではない!?

　経済成長とは、経済の規模を示す「国内総生産（ＧＤＰ）」が増えることですが、簡単に言えば「お金を使う」ことです。「お金が回る」と言ってもいいでしょう。私達はお金を使う時に、お金を物やサービスと交換します。こうした経済活動が増える状態が、経済が成長したことになるのです。

例えば、ある自営業者の店に同じ記番号の一万円札が年に十回回ってきたとすれば、その店の収入は十万円と当然カウントされます。そして、一万円が回ってくるごとに、物やサービスを他で買っているので、年に十万円分の物やサービスを得ることになるわけです。つまり、一枚の一万円札が十万円分の物やサービスをもたらしてくれたのです。ちなみに国内総生産は、これによって十万円増えたことになります。

経済成長するためには、出回っているお金が増えないといけないように感じるかもしれませんが、このように実は出回る全体の量よりもお金が何度も使われ、さらに速い速度で回ることが大事なのです。

それでは、逆に経済がマイナスになるのはどんな時でしょうか。それは「お金を貯め込む」時です。「お金が回らない状態」と言ってもいいでしょう。

例えば、消費者がお金を溜め込んで使わなくなると物が売れなくなります。物が売れなくなると、企業は事業を広げたり、生産を拡大したりしなくなり、社員の給料も増えなくなります。その結果、手元にある資金も使わずに貯め込むことになるでしょう。また、勤めていた社員は給料が下がるので将来への不安も募り、ますますお金を使わなくなって、銀行も企業が借りに来ないので、お金が手元に大量に留まってしまいます。

このように、みんなの手元のお金が回らなくなる時が、経済が成長しない悪い状態なのです。私達は「貯蓄は美徳」と教えられ、将来への備えや老後の蓄えとして「お金を貯める」のは当然のように思いがちですが、経済のことを考えると必要以上にお金を滞留させることは逆効果となっていくのです。

お金の仕組みを変える古くて新しい試み

以上述べてきたように、お金の仕組みは現代の私達が抱える問題の大きな原因ともなっています。これらの問題を解決するために、これまでにいくつかのアイデアが生まれ、それを実践に移す試みがなされてきました。

現在、日本は世界一の借金大国になってしまいました。一年間の国の税収は五十兆円余りですが、一九六五年からの特例国債の発行により、溜まった借金は一千百兆円を超えているのです。

また、海外では二〇〇九年以降、ヨーロッパの多くの国々が深刻な財政危機に陥り、国際社会からの支援を受ける事態となっています。特に二〇一五年には、最も危機的な状況にあるギリシャの窮状が連日のように大きなニュースになりました。国家財政が悪化すると、収入を増やすために税金が高くなり、支出を減らすために年金の支給額が減るなど社会保障費が切り下げられます。さらに、国民生活が苦しくなるので景気も悪くなって、そうなるとますます収入が減り、失業者が増えてしまうのです。

こうした事態を防ぐ方法が、主にアメリカで古くから取り組まれてきました。

政府の借金が増えてしまうのは、中央銀行などから有利子でお金を借りてくるからです。奴隷解放で有名なアメリカ第十六代大統領のエイブラハム・リンカーンは、南北戦争の戦費を賄うために銀行から資金を調達する必要に迫られ

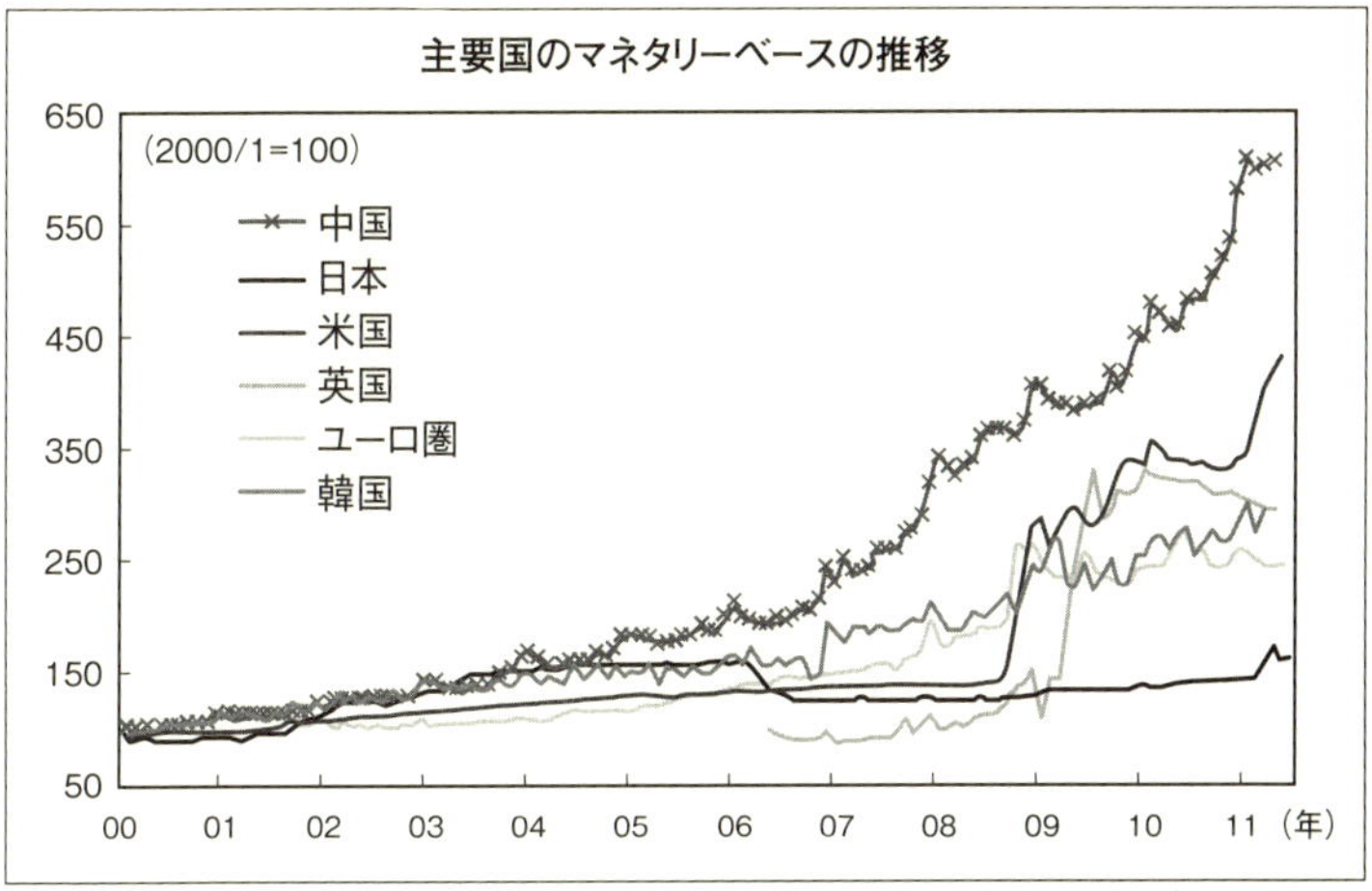

出典：国家ビジョン研究会

ました。しかし、三〇％以上もの高金利を銀行から提示されると、国の将来を憂いてそれを拒否し、必死に他の方法を考えたのです。そして「政府がお金を発行してしまえば、最初から借金をしないので、利子どころか元本も返す必要がなくなる」ことを思いつきました。

彼は一八六二年にこの方法を実行に移して「政府紙幣」を発行し、南北戦争にかかった莫大な費用を賄い、アメリカが大きな負債を負うことを防いだのです。そして、次のように語りました。

「この方法により、納税者は計り知れないほどの金額の利子を節約できる。それでこそお金が主人でなくなり、人間が人間らしい生活を送るための召使いになってくれる」

一八六五年、リンカーンは政府紙幣発行を永続的な通貨発行システムとする考えを発表しま

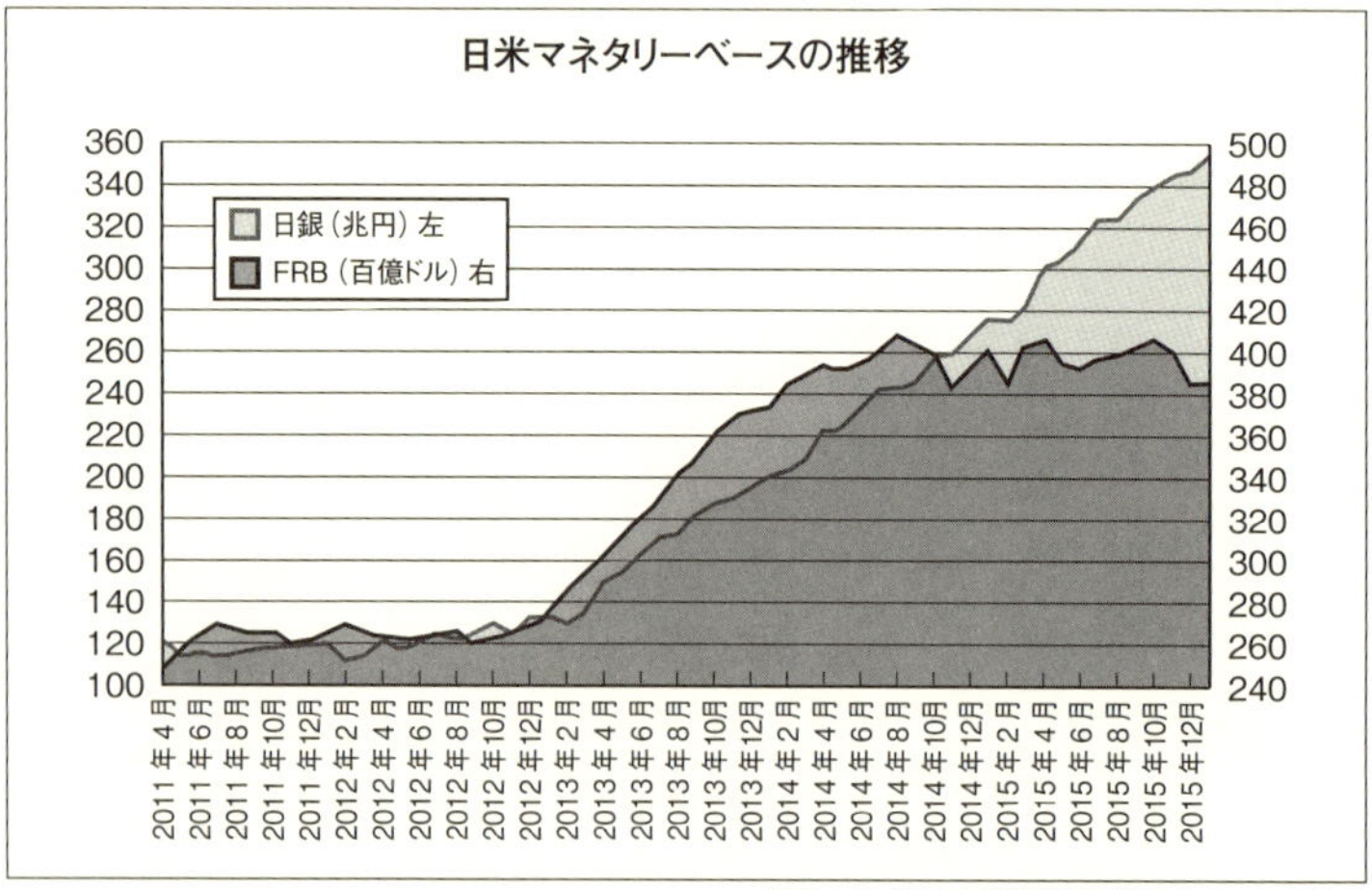

出典：金プラチナ相場情報分析サイト Let's GOLD

すが、その一カ月後に暗殺され、計画は中止されてしまいました。そうなっては都合の悪い人々の力によって、元のシステムに戻されてしまったのです。

また、世界恐慌で人々が苦しんでいる状態を何とか救おうと、一九三〇年代のアメリカでは経済学者達が政府紙幣の発行を提唱しました。それは中央銀行が紙幣を発行するだけでなく、民間銀行が預金を超える量を貸し出すこともやめ、お金を発行できるのは政府だけに限定するというものでした。この考えは当時のルーズベルト大統領にも伝わり、議会でも議論されましたが、残念ながら法案を成立させることはできませんでした。その直後にも、アメリカの著名な経済学者であるアーヴィング・フィッシャーがこの考え方を強く支持し、多くの経済学者の賛同を得て生涯をかけて取り組みましたが、実現することはできませんでした。

時が流れ、一九六三年に政府による紙幣発行を実行したもう一人のアメリカ大統領が現れました。それは誰もが知る、あの有名なケネディ大統領です。しかし、彼は政府紙幣発行の五カ月後、ダラスでパレード中に暗殺され、発行済みの政府紙幣は回収されてしまったのです。

そして二〇〇〇年代に入り、政府紙幣の発行が改めて注目され、各国や国際機関においてその議論が進んでいるのです。

お金の機能としての価値の貯蔵に加え、お金は利子が付くことで価値が高まるので、ますます貯め込ませる方向に向かい、そのことが経済成長を邪魔することになります。

このような問題に深く考えを張りめぐらせていたのが、意外に思われるかもしれませんが、ドイツの児童文学作家のミヒャエル・エンデです。彼は不思議な力を持つ少女が人々の心を癒やしていく名作『モモ』の中で、時間泥棒をする「灰色の男達」を描いています。彼らの正体は何なのか気になったところですが、生前に日本のNHKによるインタビューの中で、「灰色の男達とは、利子を得ることで人間から時間を盗んでいる人達である」と語っているのです。

さらに推察すると、灰色の男達は「人間として豊かに暮らせる時間を、利子を支払うために働く時間として奪ってしまう」ということなのだと思います。

実はエンデは作家としてだけではなく、社会改革者としてこの問題を解決するために、ドイツの経済学者シルビオ・ゲゼルに注目していました。

ゲゼルは一九〇〇年頃、貯め込まれて循環しない貨幣が取引を減少させ、経済危機や貧困を招いていると考え、それを解決する方法として「自由貨幣」というものを考案しました。具体的な仕組みとしては、一週間や一カ月といった期間ごとに、一定額のスタンプを紙幣に貼ることを使用の条件とする「スタンプ貨幣」とも言うべきものです。時間の経過とともに貼られるスタンプの額が減っていくので、貨幣価値が下がってしまい、人々に早くお金を使わないといけないと思わせるわけです。このゲゼルの提案は広く支持され、ヨーロッパやアメリカで大きな運動を巻き起こすようになったのです。

そして実際に、一九三二年にオーストリアのヴェルグルという町で、自由貨幣が流通するようになったのです。ヴェルグルでは失業者が溢れ、新規事業は着手されず、税収不足で町の財政は困窮していましたが、自由貨幣は通常のお金の十四倍の速さで使われ、何倍もの経済効果を生み出しました。その結果、町には立派な道路や建物が整備され、税収も大幅に増え、オーストリアで初めて完全雇用を達成したのです。

世界中が一九二九年から始まった大不況の中で、それは「ヴェルグルの奇跡」と呼ばれ、各国から多くの視察団が押し寄せて見習おうとしました。しかし、オーストリアの中央銀行が裁判を起こし、地方には紙幣の発行権がないとの理由で自由貨幣の使用を停止させたため、一年ほどでこの取り組みは潰えてしまったのです。その後、町の失業率は三〇％近くに戻ってしまい、町から活気が失われてしまいました。

また、ゲゼルの学説に対しては、あの有名な経済学者ジョン・メイナード・ケインズも高く評価していました。ケインズは「将来の人々が、マルクスの思想よりもゲゼルの思想から一層多くのことを学ぶだろう」とまで述べています。また、意外なところでは、あの天才物理学者のアルベルト・アインシュタインもゲゼルと親交があり、「貯め込むことのできない貨幣の創出は、別の形を持った所有制度に私達を導くであろう」と述べています。

アメリカの経済学者アーヴィング・フィッシャーもまた、助手をヴェルグルの町へ派遣して調査させ、熱心な推進者となって理論を深めていきました。アメリカでは彼の影響を受けて、多くの町で自由貨幣が発行されたのです。さらにフィッシャーは政府からの支持を得ようと努めましたが、逆に一九三三年、政府によって地方での通貨発行は禁止されてしまいます。当時のルーズベルト大統領は、中央集権的な経済計画により不況を脱出しようと考えたのです。

しかし、この思想は生き続け、一九八〇年代からの世界的な地域通貨ブームへとつながり、アメリカのニューヨーク州イサカ市やカナダのコモックス地方、ドイツのハレ市など多くの町で実践されていったのです。地域通貨とは特定の町やコミュニティの中だけで流通するお金で、日本でも愛媛県関前村（現・今治市）や千葉市、滋賀県草津市など各地で発行されていました。こうした地域通貨はたいていは利子が付かないか、もしくは「価値が減っていくお金」で貯め込まれることなく、お金が本来持つ交換機能を十分に発揮することで、地域を活性化させようという試みだったのです。

一九九〇年代に入り、再びゲゼルの思想は世界的に注目を集め、現在、世界各国の学者や市民活動家、経営者などの間で議論が進んでいます。

人々を幸せにするお金の仕組み

ここまでお金の仕組みの成り立ちや問題点、それを解決するために実践されたアイデアなどについて述べてきました。みなさんはどのように感じたでしょうか。ここで言えることは、私達が現在直面している問題や苦しみの多くは、お金の仕組みに起因しているのではないかということ。そして、それは決して変えられないことではない、ということです。繰り返しになりますが、お金の仕組みは当たり前のことで変えられないと思いがちですが、そうではなく、「今のやり方は一つのやり方に過ぎない」ということなのです。

お金とは本来、私達が必要な物を必要な時に手に入れ、豊かになり幸せになるために発明されたものです。しかし、この交換機能以外にも「価値を貯め、増やす機能」を持ったために貯め込まれるようになり、さまざまな問題を引き起こして不幸を招いているという事実があります。人々が不幸になっているのであれば、幸せになれるよう仕組みを変えればよいのです。また、この世にお金が生み出される時、必ず借金の形となり、存在しない利子を付けて返さねばならないという仕組みも変えるべきなのです。

　では、どのように変えればよいのでしょうか。貨幣発行権は政府のみが持つことや、お金を無利子にすること、また減価させたりすることも有効な方法でしょう。そして、仕組みを変えた時に起こり得る問題についても、十分に検討しなければなりません。

　最後に次のエンデの言葉を引用して、本章を締めたいと思います。

「自然界に存在せず、純粋に人間によってつくられたものがこの世にあるとすれば、それはお金なのです。（中略）人々はお金を変えられないと考えていますが、そうではありません。お金は変えられます。人間がつくったのですから」（『エンデの遺言』川邑厚徳＋グループ現代）

第四章

格差拡大

人生の選択の自由が奪われる！

世界では大変豊かでぜいたくな生活をしている人達もいる一方で、とても貧しい生活を送り、必要な食べ物も得られないまま亡くなる人達もいます。テレビなどで途上国の痛ましい状況を目にすることも多いのではないでしょうか。また、二〇〇〇年代に入り、日本や他の先進国においても貧しい人達が急増し、経済格差が大きな問題となっています。

そもそも貧困とは、どのような状態を指すのでしょうか。それはまず、十分な栄養を得られなかったり、衛生状態が悪かったり、必要な医療を受けられなかったりして健康が保てないような状態です。そして住む場所や必要な衣類、日用品などを欠くような場合も含まれるでしょう。

しかし、このような最低限の衣食住が満たされるだけで、人間として十分な暮らしだと言えるでしょうか。

第二章で述べたように、家族が必要とする水を汲むために住居と水場を一日に何時間もかけて往復し、学校にも行けない子ども達が世界には存在します。彼らの中には文字も読めない子もたくさんいるでしょう。文字を読めるのと読めないのとでは、その後の彼らの人生に大きな違いが生まれることが容易に想像できます。つまり、貧困のために子どもの頃から労働を強いられ必要な教育が受けられないと、その後の生き方がとても制約されることになるのです。別の言い方をすれば、自分の持つ力を発揮することを阻まれるということであり、大変深刻な問題なのです。

日本でも戦後の飢餓の時代に、貧しさゆえに自分が望む人生とは違う方向へ転換せざるを得なかったという話をよく聞くことがあります。また、ここ十数年、貧しさゆえに進学やその先にある就きたい仕事を諦めなければならなかった人達が増えています。

このように貧困とは、自分の能力を発揮してやりたいことができる人生を選択するという自由を奪われることであり、それにより苦しい思いを抱えながら生きている状態だと言えるでしょう。

では、貧困や格差が生まれる原因は何でしょうか。生まれながらの才覚や能力なのでしょうか、それとも運や努力なのでしょうか。もちろん、そのような面は少なからずあるでしょう。例えば、何千年か前の私達が文明を持つ以前の時代であれば、それが答のすべてだったかもしれません。しかし、現在の私達は社会をつくり、グローバルなつながりの中で生きています。もしかすると、この社会の中に格差をつくり出す仕組みがあるのかもしれません。

世の中には、すべての人達が平等で経済格差がない社会が理想だと考える人もいれば、能力や努力による格差があった方がより世の中が活性化されると考える人もいるでしょう。しかし、少なくとも本人の責任とは言えず、社会の仕組みのせいで貧困に陥っている人々がいるとすれば、そうならないように仕組みを変えるべき、という点では一致できるのではないでしょうか。

それでは、さまざまな面から、格差や貧困が生まれるメカニズムについて見ていきましょう。

列強による植民地化が生み出した貧困

一万年ほど前に農業が始まるようになると、収穫物など人々が所有する物の量の違いによって貧富の差が生まれたとされています。そして、数千年前から集落が集まって国家が形成されると、支配する者とされる者に分かれ、格差は拡大していったのでしょう。その後、身分制度や奴隷制など、さまざまな社会の仕組みが経済格差を生んできたのです。

十六世紀のイギリスでは農地は地主が所有していましたが、農民が共同で利用し、彼ら全員でルールを決めて農耕や牧畜をして生活の糧を得ていました。また、近くの里山から薪を採って燃料にするなど、貧しいながらも自給自足の生活をしていたと推察されます。

ところがある時、地主が大勢の農民達を突然追い出してしまうのです。理由は、当時盛んになりつつあった毛織物産業の原料となる羊毛を刈り取るため、羊を育てる場所が必要になったからです。いわゆる「囲い込み」と呼ばれるものですが、追い出された農民は生きていく術を失い、悲惨な状況に陥りました。この話を聞いて、「なんて酷いことをするのだろう」と感じるかもしれませんが、あの有名な小説『ユートピア』の著作がある思想家のトマス・モアも同じような考えを持っていました。彼はこの状況を「羊が人間を喰い殺している」と表現し、批判しているのです。

同じようなことは、十八世紀にも起こりました。この時は食糧を大増産するという国の目的のため、新しい効率的な農法による大規模農場経営を始めることが理由でした。作業を効率化するので少ない人手で済むようになり、余ってしまった農民達は追い出されてしまったのです。

その際、農民達を追い出した地主達は広い土地を手に入れ、それを活用して事業を始めたことで人類最初の「資本家」となり、追い出された農民は自分で生きていく手段がないので都会へ出て工場などに勤め、こちらもまた人類最初の「労働者」となったのです。このように、すべての人達が自給自足で生きてきた社会から、富を蓄積する人と賃金をもらわないと生きていけない人に分かれ、格差が広がっていくことになります。「持つ者」と「持たざる者」に分かれたという言い方ができるでしょう。

第二章で、輸出用の作物だけをつくっているため、自分達が食べる物を輸入しなければならない国の人達について述べました。このような状況に陥った原因は、ヨーロッパ諸国が十六世紀以降にアフリカやアジア、南北アメリカ大陸の国々を植民地化したことにありましたが、その当時どのようなことが行われていたのかを、十九世紀頃のインドを例に取って見てみましょう。

インドでも人々はもともと自給自足の生活をしており、それに加え綿花の栽培が盛んで、綿織物を生産して輸出していました。ところがイギリスの植民地支配が強まってくる十九世紀に入ると、状況が一変することになるのです。

当時、イギリスでは産業革命に伴う技術革新が始まっており、機械を使って綿織物がスピーディーかつ大量に生産できるようになりました。すると、イギリスの会社がインドで綿花のプランテーションを経営することによって、インド人を雇って大量の綿花を生産し、それをイギリスへ向けて輸出するようになったのです。イギリスでは、その綿花を原料にして大量の綿織物が生産されるようになり、今度はその一部がインドに輸出され、インド人はそれを買わざるを得ないことになりました。インド人側から見れば、かつては自分達で綿花を栽培し綿織物を輸出していたのに、イギリス人によって農場で安い給料で働かされたあげく、綿織物を買わされることになったのです。

イギリス側からすれば、自分達の事業のために綿織物を買っていた時に比べれば、インド側に支払うのは雇ったインド人への賃金だけで、大幅なコスト削減になります。しかも、それすらも最終的には製品をインド人に売りつけるので、回収できる仕組みになっているのです。

つまり、お金をかけずに綿花を手に入れているに等しく、インド人から見れば自給自足の生活を奪われているとも言えます。これが植民地における搾取の実態であり、インドの伝統的な綿織物産業は壊滅してしまったのです。これを聞いて、「ここまでやるか」と感じる方も多いのではないでしょうか。なんと、当時インドを支配する立場にいたイギリスの提督でさえ、その悲惨な状況に「木綿織工達の骨でインドの平原が白くなった」と嘆息したほどでした。

また、綿花以外にもイギリスにとって必要な作物、つまりイギリスの会社が海外に輸出して莫大な利益を得られる製品の原料となる作物だけを栽培させたのです。それは麻やコーヒー、茶、そして中国への輸出用の麻薬だったアヘンなどです。インドではこれらの産業に多くの人が従事したため、インド人達にとって必要な物をつくっていた自給自足経済は崩壊し、伝統的な産業も廃れていきます。その結果、食糧が不足する事態に陥るとともに、工業製品などをイギリスから買わなければならなくなり、お金がないと生活できなくなったのです。お金を得るためには、イギリス人が経営するプランテーションなどで働かないといけませんが、それでは十分な収入は得られません。このような仕組みの中で、インドは貧困に苦しみ、その後、数百年以上にもわたって抜け出すことができなかったのです。

その後、インドは「建国の父」と称されるマハトマ・ガンジーらの努力により、一九四七年に独立を果たしましたが、貧しい時期は続き、やっと一九九〇年代に入ってから産業が発展することで、経済構造が徐々に変化していきました。しかし多くの途上国では、いまだに植民地時代と同じ経済構造が続いており、人々は貧困に苦しんでいるのです。

格差拡大を招く経済構造はさまざまな角度から見ることができますが、「環境破壊」と「戦争」という観点から述べていきましょう。

人類の経済活動が原因で、さまざまな環境破壊が世界中で起きています。環境が破壊されると主に農業に悪影響を及ぼし、特に途上国の人々の生活が脅かされ、貧困を招くことになります。地球温暖化が原因で世界各地で干ばつや砂漠化が進んでいると、第一章で述べましたが、かつての豊かな農地がこのような状態になったことで、農産物が収穫できなくなり貧困に陥っている人々が数多くいるのです。

環境破壊が経済格差を拡大する

例えば、その一例がアフガニスタンです。アフガニスタン紛争を報じたテレビに映し出された風景を見て、アフガニスタンは砂漠や岩石の国だというイメージを持っている人が多いかもしれませんが、驚くことにそれよりほんの何年か前までは草原の国だったのです。砂漠化の原因は温暖化による渇水と言われています。アフガニスタンでは農業ができなくなって生活の糧が得られなくなり、貧困に陥って難民となっていく人々も少なくありません。難民が増えているのは紛争だけが理由ではなかったのです。

同じことは、中東のシリアでも起きました。二〇〇六年～一〇年に、温暖化による大規模な干ばつが起きたため作物は穫れなくなり、家畜を養えなくなったのです。農業ができなくなった百五十万人以上の農民たちが難民となって村から都市へ流れ込み、そこで内戦の被害に遭い、さらに国外へと脱出しました。二〇一五年にヨーロッパを揺るがした難民問題の大きな原因の一つには、温暖化という事情もあったのではないでしょうか。

また、二〇〇五年にアメリカのニューオリンズを襲ったハリケーン「カトリーナ」も、地球温暖化が原因ではないかと言われました。街の八割が水没し、数千人もの死者が出るという大規模な災害でしたが、経済的にゆとりのある人達は早々と街を脱出し、取り残された貧しい人達が大きな被害を受けたのは記憶に新しいところでしょう。これは地球温暖化が貧しい人達により大きな被害をもたらし、それによってさらに格差が拡大した例だと言えます。

地球温暖化の主な原因の一つに、森林伐採が挙げられます。二酸化炭素を吸うはずの木が減ってしまうからです。高度成長期以降の我国は建築用に大量の木材を必要としたため、東南アジアや太平洋の国々の熱帯雨林を猛烈な勢いで伐採してきました。一九六〇年代にはフィリピン、一九七〇~八〇年代にはインドネシアとマレーシアの原生林を採り尽くし、その後はパプアニューギニアやソロモン諸島の森を激減させたのです。森に住んでいた人々は土地を追われ、生活に役立てていた木を失い、伝統的な自給自足の生活のための基盤を失いました。そのため農場や工場で安い給料で働かざるを得なくなり、貧困に陥ったのです。このように、森林の伐採によって貧困に陥る人々が生み出される一方で、地球温暖化が進み、結果として新たな貧困を生んでいるのです。

また、森林伐採を行う大きな理由の一つが、焼畑農業だと言われています。しかし、それは昔から行われている伝統的な焼畑農業のことではありません。森が再生するような伝統的な手法ではなく、貧しさゆえに手っ取り早く食べ物を得ようと何の知識もなく、やみくもに森を焼くやり方が問題なのです。南アメリカなどではそうしたケースが急増したため森林面積がどんどん減り、温暖化を促進するほどになってしまいました。こうなってくると、貧しさゆえに行ったことの結果がまた貧しさを促進するという悪循環に陥ります。なんだか切ない気持ちになってしまうのは、私だけではないでしょう。

次に、日本史の授業でもお馴染みの「足尾鉱毒事件」について触れます。この事件は明治時代の政治家、田中正造が命がけで訴えたことで有名ですが、明治初期に栃木県の足尾銅山から出た有害なガスや排水が環境を汚染し、大勢の死者を出すほどの健康被害をもたらした大惨事でした。それだけでなく農作物も穫れなくなり、村が丸ごと失われるほどの大きな被害も招いたほどです。体を蝕まれた上に、生活の手段も住むところも失った住民達は貧困に陥り、悲惨極まりない状態になりました。

これを重く見た田中正造は汚染の原因をつくった企業や政府に必死に働きかけました

が、事態の改善は困難を極め、その実現には彼の死後、何十年もの歳月を要することになったのです。これ以降も、我国では公害が深刻な問題を引き起こした事件は続きましたが、同様の事態は世界中で起きており、途上国では現在でも続いているのです。鉱山開発の他にも、ダム開発や大規模農園建設による環境破壊が行われています。

こうした開発によって、たとえ健康被害が伴わない場合でも、環境が破壊されたために作物が穫れなくなったり、住んでいた土地に住めなくなったりするなど、貧困に陥る例は後を絶ちません。

戦争については次章で詳述しますが、戦争の原因には経済的な側面もあり、その結果として貧困を生んでいるので、ここでも少々触れておきます。

内戦が続くシリアから数百万人もの難民が脱出しているように、戦争は人々の命や健康、そして家や仕事などすべてを根こそぎ奪っていきます。戦争が起きた国々では多くの人々が貧困に陥り、生活の術を求めて難民となり国外へ出て行かざるを得ないのです。また、たとえ家や仕事を失わないにせよ、戦乱で命が危険にさらされる中、それらを捨てて出ていかざるを得ない人々もたくさんいるでしょう。もちろん国内に残り、恐怖と貧困の中で生きていくことを選択する人もいます。

このように、戦争は貧困を生み出す最大の要因なのです。しかし、現在の世界は危うい状況にあると言えはしないでしょうか。

「実物経済」と「バブル経済」――二つの成長

現在、私達が直面している格差の問題を理解するためには、経済成長についてきちんと捉えておく必要があります。経済成長とは前述したように「お金が使われ、回る」ことですが、このお金の使われ方の違いによって二種類に分けることができます。一つは「実物経済」の成長で、もう一つはいわゆる「バブル経済」の成長です。戦後の経済成長の歴史を踏まえ、順に見ていきましょう。

日本や欧米諸国などの先進国は一九五〇~六〇年代に経済の高度成長を経験し、豊かな社会を築きます。その後、アジアや中南米、アフリカの中で経済成長を遂げる国々が現れ、先進国に仲間入りしたり、「中進国」または「新興国」などと呼ばれたりするようになったりしました。

例えば一九八〇年代には韓国、台湾、香港、シンガポールが「NIEs」、二〇〇〇年代には中国、ロシア、インド、ブラジル、南アフリカ共和国が「BRICs」などと、マスコミなどでもてはやされましたが、これらの国々でも国内にはまだまだ貧しい人達が存在するのです。そして現在、日本を含む先進国の国内でも格差が拡大し、貧しい人達が急増するという思いもよらなかった事態が起きているのです。どうして、こんなことになってしまったのでしょうか。それを知るためには、世界がどのように経済成長してきたかということを知る必要があります。実物経済の成長は、私達が欲しいと思う商品が市場に現れるところから始まります。私達がそれを買い求め、たくさん売れるようになると、企業はさらに商品をつくるようになります。

一方で、私達は商品の製造工場などで働いて給料をもらい、必要な物を買って、残ったお金を銀行に預金することが可能となります。そして、資本家はその銀行からお金を借りて、新たな設備投資をすることができるのです。このように商品が今後も売れることを前提に、多くの人々が行動することによって経済成長が達成されます。昭和三十〜四十年代の高度成長期の頃を覚えている方は、「明日は今日よりもよくなる」という雰囲気を感じていたと思います。我国では一九五〇年代後半に白黒テレビ、洗濯機、冷蔵庫がいわゆる電気製品の「三種の神器」と呼ばれましたが、一九六〇年代後半には「新三種の神器」としてカラーテレビ、クーラー、自動車が飛ぶように売れました。この時期には、大衆が欲しいと思う商品が次々に開発、発売されたので、高い経済成長が安定して続いたと言えるでしょう。

翻って、時代をさかのぼり資本主義の初期から振り返ってみると、最初に大量に売れた商品は十六世紀の毛織物でした。次が十八世紀以降の綿織物、さらに十九世紀以降は機械や自動車、電気製品、化学製品などが主役となっていきます。また、十六世紀からはさまざまな農産物が、十八世紀からは化石燃料などが盛んに取引されるようになります。このように世界中の人々が欲する商品が取引され、最初に先進国にその利益が集まり、経済成長が達成されました。

この間、植民地や途上国はずっと貧しいままでしたが、一九八〇年代以降になると、アジアや中南米、アフリカの国々などが経済成長を遂げていきます。これらの国々の人々が、それまで貧しくて欲しいものを買うことができずにいたのが急に豊かになり、購入できる人達が一気に増えるので、一定期間は高い経済成長率が持続するのです。

このように人々が欲しいと思う物があり、それを買い求めることで生じる実物経済の成長は、健全な成長の姿と言えるでしょう。

ここで一つ忘れてはならないのは、途上国だった国々は自国のみで経済成長を達成しているわけではなく、往々にして先進国の企業が進出して事業を行ったり、先進国が投資していたりするということです。さらに、先進国との輸出入も増えているでしょう。

つまり、世界全体の経済がつながっており、その中心は依然としてやはり先進国であるということです。日本が経験した一九八〇年代末～九〇年代初頭のバブル景気を思い返してみましょう。実物経済の成長は「健全なこと」と述べましたが、それに対しバブル経済の成長は「不健全なこと」だと言えます。石油や穀物が投機の対象になっているのはこれまで述べてきた通りですが、この時に対象となっている物が極端に高い値段になってしまうのが「バブル」です。バブルとはご存じの通り、英語で「泡」のことですが、物自体の本来の価値とはかけ離れて値段が高くなっていく様子が、泡が膨らんでいくように見えるので、「バブル」と呼ばれています。

当時は、株式や土地などの資産価格が異常に高騰しました。株式は本来、企業の業績がよければ配当金があり、長く持っていればそれを受け取り続けることができるので、株価は配当に見合ったものになるはずです。ところが、一九八五年に一万円だった日経平均株価が、わずか四年後の一九八九年末には約四倍の四万円近くまで上昇するなど、実態とかけ離れた高値になってしまったのです。

また、土地の価格にしても、本来はその土地で事業を行って得られる収益に見合った額になるはずです。しかし、地価も「東京のＪＲ山手線内側の全土地の値段で、アメリカ全土が買える」とまで言われるほどになりました。どうして、こんなことが起きるのでしょうか。

石油や穀物の投機で実物自体の需要がないのと同じように、バブル景気の時も株式を持って配当を得ようとか、土地を買って利用しようとする人はほとんどいなかったのです。彼らは、「安い時に買って高い時に売り、その差額で儲ける」ということだけを考えていました。利ざやや商売で儲けようとすることで頭がいっぱいの人達が株式や土地を買い続け、値段が上がり続けたわけです。しかし、バブル経済では実態に見合う価格ではないので、必ずどこかの時点で暴落し崩壊します。当時はそれがわからずに、大多数の人が理由もなく浮かれた状態にあったと言えるでしょう。あの頃は、理由もなくぜいたくを競っていた雰囲気が、世の中に溢れていたものです。

そして当たり前ですが、バブルが崩壊すると世の中は悲惨な状況に陥ります。株式や土地の大幅な価値の減少が起こり、資産を抱え込んでいた人達は時としてすべてを失いましたが、持たざる人達にしても社会全体が不景気になるので、給料が減ったり失業したりして大きな苦しみを受けたのです。実際に日本はそれ以降、「失われた二十年」などと呼ばれ、いまだに景気低迷から抜け出せていません。振り返れば、「欲しいと思う物は、実際にはない」というのが、バブル経済の実態とも言えるのです。

強大な力を持つ巨額の投資資金

金融機関や投資家が事業に投資する資金は十八世紀頃のヨーロッパで生まれ、資本主義の発達とともに増えていきました。そして、巨額の資金は十九世紀以降、世界の経済や政治に大きな影響を与えるようになり、一九七〇年代以降は投資資金がさらに膨らんで、今や私達一人ひとりの運命をも左右しかねないほど強大な力を持っています。つまり、格差や貧困の問題を考える上で、とても重要な要素なのです。

というのも、一九七〇年代以降の数十年間で、投資資金をめぐるさまざまな事情が大きく変化したのです。

まず一九七一年からアメリカの金本位制が廃止され、金の保有量に制限されず、いくらでも紙幣が刷れるようになったので、この時期からお金の量がとても増えていきます。また、少ない元手で大きな取引ができる手法が開発されたことで、さらに急激に膨らんでいきました。その額は一京円をはるかに超えるという試算もあるほどです。そして、一九八〇年代からコンピュータ技術が発達してくると瞬時に大量の取引ができるようになり、さらに一九九〇年代に入るとさまざまな規制が取り払われ、国境を越えて活発に取引が行われるようになったのです。つまり、巨額の投資資金が瞬時に国境を越えて、世界中を駆けめぐるようになったわけです。「駆けめぐる」といっても、目に見えるものではないので実感が湧かないかもしれませんが、私達の見えないところで大きな変化が起きているということを心に留めておく必要があるでしょう。

　投資資金は一九五〇～六〇年代まで、主に先進国の実物経済の成長のために活用されていました。しかし先進国で物が豊かになり、成長が鈍くなってくると、投資は利益を求めて二つの方向を目指すようになります。一つ目は、開発途上国の実物経済の成長への投資です。しかし前述したように、このような国々での高い成長も一定期間しか続かず、二〇〇〇年代に入ると、ＢＲＩＣｓの一員であるインドやブラジルなどの成長も鈍ってきているのが実際のところです。つまり、ある程度豊かになってきた時点で、経済成長の勢いが止まってしまうのです。

　二つ目の方向は、投機によって利益を生み出すバブル経済への投資です。投機の対象はあらゆるものに及びますが、土地や株式、石油、穀物以外にも、通貨を別の国の通貨と交換するような外国為替市場への投機があります。

　外為市場は本来、外国と取引するために取引先の国の通貨に交換したり、物を輸出した時に受け取った代金を自国の通貨に替えたりするための場所です。ところが、ここでも投機で儲けることだけが目的となり、通貨を交換する人々が増えているのです。

例えば、交換比率が一ドル＝百円の時に百円を一ドルに替えておいて、しばらくして一ドルが二百円になった時に、持っていた一ドルを日本円に交換すれば二百円が手に入ります。つまり、お金が二倍になるわけです。

世界全体では一日に約八百兆円もの通貨の交換が行われていますが、驚くべきことにこれは貿易額の実に七十倍近い額です。つまり、外国為替市場で取引されているお金の九八％以上は投機のために行われているわけで、「なんて不謹慎なことだろう」と感じるのではないでしょうか。だからこそ、経済学者達はこの状況を「カジノ資本主義」などと批判しているのです。

全人類に広がる格差社会

二〇〇〇年代に原油価格が急騰した際、多くの人達がガソリン代の高騰で大変苦しみました。当時は、連日のように価格が上昇していく様子が報じられていたので、記憶に新しいと思います。また、灯油の価格も上がり、暖房の燃料用に灯油を使っていた人達はもちろん、漁船用の燃料として使う漁師の人達や、作物を育てるために使う農家の人達の経営も圧迫しました。

さらに石油は火力発電の燃料となるので、電気代を押し上げたのです。このように、生活に必要不可欠なものは急に利用する量を減らすこともできないので、特に貧困層には大きな悪影響を及ぼします。また、石油はさまざまな産業で利用されているので、全体的に物の値段が上がってしまうのです。

穀物は二〇〇〇年代に価格が急激に上がり、食べることができなくなった貧しい人達が追い詰められ、各国で暴動が起こるほどの事態になりました。

石油や穀物など、人が生きていく上で不可欠な物に投資資金が流れ込むようになったため、私達の生活に悪い影響を直接及ぼし、特に貧困層にとっては命さえ脅かされることになったのです。

外為市場への投機の影響力がどれほど強いかということを示す事件が、一九九七年に起こりました。タイやインドネシア、韓国、ロシアなどで、大量の取引が一気に行われたことで、なんと国の経済が破綻してしまったのです。当時、「アジア通貨危機」と呼ばれ、ニュースなどで大きく取り上げられたものです。

外国為替市場でも需要と供給の法則が成り立ち、たくさん買われる通貨、つまり交換される通貨は高値がつきます。ドルと円の交換を例に挙げれば、日本円を欲しがる人達が増えた場合、円がたくさん買われることになり円高になります。一ドル＝二百円から、一ドル＝百円になったりするのです。

アジア通貨危機の時には、まず投機筋が巨額の投資資金を武器にアジアの国々の通貨を大量に売り、底値になったところで買い戻して差額の利益を得ようとしました。しかし、この時に大変なことが起きたのです。

通貨が大量に売られてしまったということは、事業を行う資金が国内から流出してしまうことを意味するので、経済が回らなくなって不景気になり、企業の倒産や失業者を生み出しました。さらに通貨が安くなると輸入品が高くなるので、企業経営や人々の生活を直撃したのです。また、通貨の価格を維持するため、政府が自国通貨を買おうとしますが、その資金が足りないので国際的な金融機関からお金を借りることとなり、ついには借金が膨大になって財政が破綻してしまうのです。このように「経済破綻」と同時に「財政破綻」が起こり、国民生活はどん底に落ちてしまったのです。財政が破綻すると、政府の支出を減らさざるを得ないので、さらなる景気の低迷を招くことになります。

アジア通貨危機の影響は日本にも波及し、山一証券や日本長期信用銀行、日本債券信用銀行などが次々に破綻して、世相に暗い影を落としました。

このように途上国の通貨を大量に売って、ドルなどの国際決済通貨に交換してしまうことを「途上国からの資金の引き揚げ」と呼びます。また、資金の引き揚げは投機を目的とする時だけではなく、その国の経済の失速や政治の混乱が予想される時などにも起こります。例えば、アメリカの金利が上昇した場合、そちらに投資した方が利益が出そうだと見込まれる時にも起こり得ます。このような投資資金の動き一つで、一国の存亡が左右されてしまう様子は「マネーの暴走」などと呼ばれ、恐れられるようになりました。

お金が暴走することによって引き起こされる経済破綻や財政破綻は、言うまでもなく貧しい人々を増やし、苦しみに陥れることになるのです。そして、日本でこのようなことが起こる恐れがないとは言えないのです。

ここで、第三章でも紹介したエンデの至言を引用したいと思います。

「現代のお金が持つ本来の問題は、お金自体が商品として売買されていることです。（中略）貨幣というものの中に、貨幣の本質をゆがめるものが入っているのではないでしょうか。（中略）これが核心の問いなのです」（『エンデの遺言』川邑厚徳＋グループ現代）

世界経済は実物経済の成長が鈍ったためバブル経済に頼るようになり、二〇〇〇年頃に「ＩＴバブル」、二〇〇八年には「住宅バブル」という二つの景気のピークを迎え、いずれもその直後に大きな景気の落ち込みを経験しました。今や世界経済はバブル景気とその崩壊を繰り返しており、これが深刻な結果を招いているので、それについて述べていきます。

まずバブル景気が崩壊した後、バブルの対象となった土地や株式などを抱え込んでいた企業や人、トランプのババ抜きで言えば、最後までジョーカーを持っていた者はどうなったのでしょうか。

保有していた資産の価値は極端に下がってしまうと同時に、これらの資産の購入は借金によって賄われているのが一般的なので、借金が返せなくなり、容赦なく自分の持ち家や土地などを銀行に取られてしまいます。いわゆる「身ぐるみはがされる」状態です。ちなみに、この時、貸し付けられていたお金は、「無からつくり出されたお金」であり、「この世にない利子」を付けて返すよう義務づけられていたことは、第三章でも述べました。バブル景気が繰り返されるたびに、多くの人々が自分の財産を取り上げられ貧困に転落していくのです。

ここで忘れてはいけないのは損をしている人が多い中、得をしている人も必ずいることです。一九九〇年代のバブル崩壊の時にも、経済的な打撃を受けた人達の様子が盛んに報道されましたが、一方では意図的にバブルを発生させ、巨大な利益を得た投資家や金融機関が存在したことも忘れてはなりません。このように、何度となく繰り返されるバブル経済は、確実に社会の格差を拡大していくのです。

それでは、土地や株式などの取引に縁のなかった人達は、バブルと無関係でいられたのでしょうか。

結論から言えば無関係どころか、大変な不幸に巻き込まれていったのです。バブルが崩壊すると一気に景気が落ち込み、企業にとって経営が苦しくなります。そしてリストラや倒産が相次ぎ、社員の給料が減ったり失業が増えたりしたのです。また、崩壊の痛手から立ち直っても、なお企業の中にはバブルの後遺症によって、内部留保という形で儲けを貯め込み、設備投資など事業拡大を控える傾向が起きたのです。それだけでなく、利益を出しているにもかかわらず、大半の企業はなんと社員の給料まで減らしていったのです。日本の企業は三百五十兆円ものお金を貯め込んでおきながら、二〇〇〇～一三年の十三年間で実に一割以上も給料を減らし、労働者派遣法の改悪によって社員の四割が非正規雇用という雇用の不安定化をもたらしたのです。

こうなると、給料が減らされたり失業したりした人々も当然、物を買わなくなります。「お金が回らないので経済が成長しない」という状態そのものです。これが現在の日本で起きている理不尽な姿で、バブルとは無関係だった大多数の人々がどんどん貧困に陥れられるメカニズムと言えるでしょう。

実物経済が成長していた時代は、生活する一人ひとりが十分な収入を得て、物やサービスを買わないと経済を成長させられないので、ある意味、主役の座にいたと言えるのですが、バブル経済が主流になってからは、生活者はいつの間にか主役の座から転げ落ちてしまったのです。理由は一般の人の暮らしや経済とは無関係に、投機を繰り返して資金を増やすことができるようになったからです。

実物経済のサイクルが崩れると、多くの人々が貧困に落とされるだけではなく、その先に社会全体を襲う大きな危機が待ち構えているのです。

景気回復のために多くの国々が行っているのが、公共事業などを行う「財政出動」と「お金を大量に発行する」という政策です。公共事業は

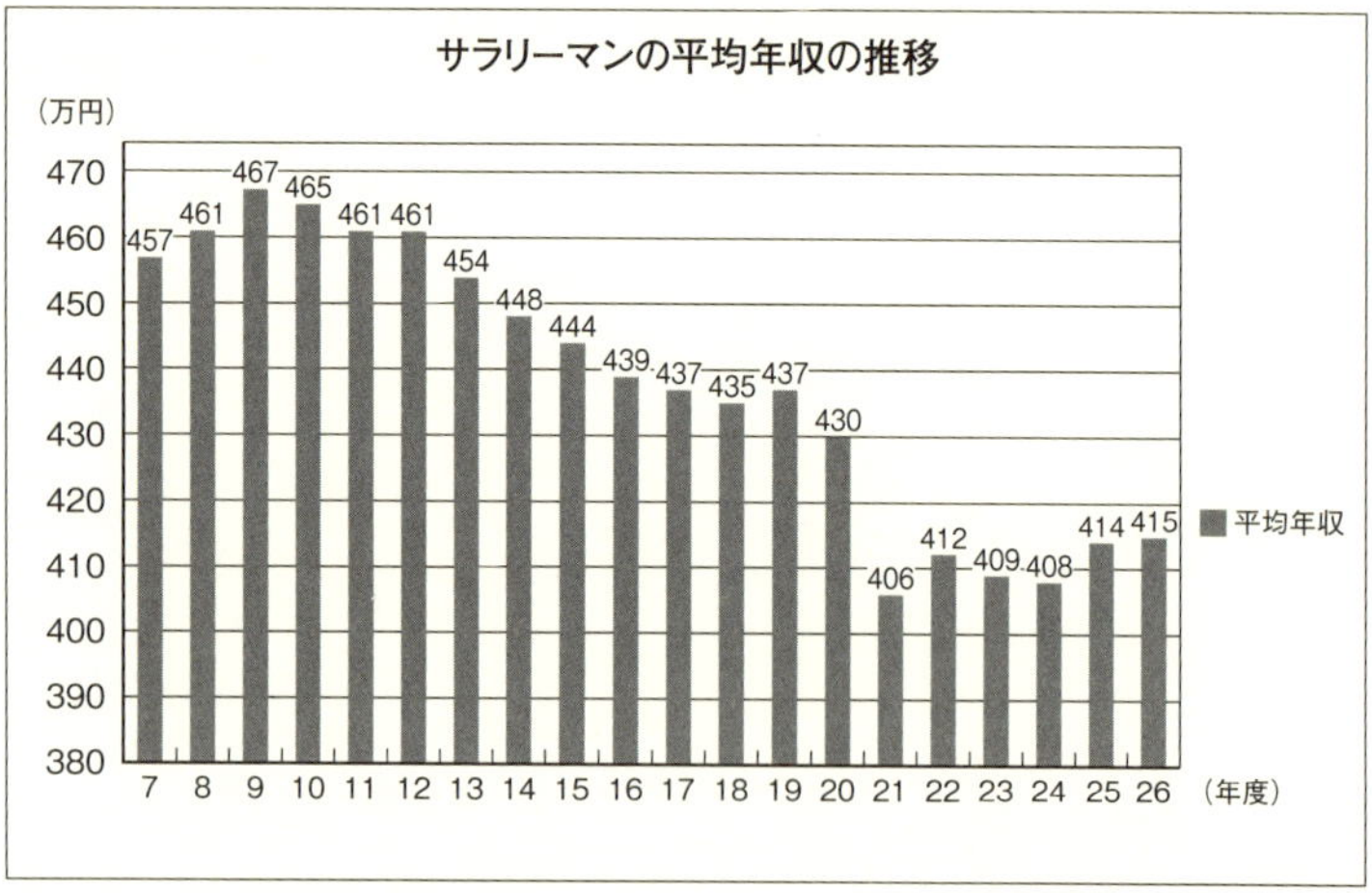

出典：年収ラボ、統計元・国税庁

受注した企業だけがその場限りの利益を得るだけで波及効果は少なく、社会全体の継続的な成長にはつながりません。また、中央銀行がお金を大量に発行しても、その一部が土地や株式などの投機に回り、残りは使われずに貯め込まれるだけなので、「お金の量が増えても回らない」状態になり、やはり経済成長にはつながらないのです。どちらの政策も限定された効果しか期待できないのですが、世界各国で猛烈な勢いで行われています。では、これらの政策が限界に達した結果、どうなってしまうのでしょうか。

際限のない財政出動の結果は、言うまでもなく財政破綻です。そして、お金を果てしなく発行し続けた結果は、物価が急激に何十倍も上がってしまう「ハイパーインフレ」という状態になることも予想されます。このような事態に陥ると、持っていた資産の価値がなくなるだけでなく、私達が生活していけないほどの経済の大混乱が起きるのではないかと、心配されているのです。

安心してお金が使える社会

これまで見てきたように、現在の経済の仕組みが続くと格差が拡大する方向へ進み、私達が生活している社会そのものの存続さえ危ういように思えます。この危機を乗り越えるためには、お金の発行を中央銀行が利子を付けて貸し出すのではなく、政府が発行する仕組みにするなど思い切った改革が必要です。また、お金が回るようにするために、第三章で述べた「価値が減っていくお金」の活用なども考えなければなりません。

重要なことは、安心してお金が使える仕組みをつくることです。現在の私達は「明日はどうなるかわからない」という不安の中にあり、今日お金を使ってしまったら、もう手に入れることができないのではないか、という疑心暗鬼にとらわれがちです。お金がなければ当然、生活に必要な物やサービスを得られません。そのマインドが消費を思いとどまらせることになり、お金が回らずに経済が成長しない状況を招いているのです。

社会の仕組みを変え、お金がどこにも滞留せずに循環する社会をつくり出すことが必要です。それができれば、消費者が安心してお金が使えるようになり、需要が安定して企業も安心して生産・供給することができるのです。

安心してお金が使えることは安心して生きていけることにつながり、経済の安定のみならず、私達の心にも好影響を与え、幸福を実感して生きていける社会をつくることができるはずです。そこには貧困はなく、格差も小さい社会が実現するに違いありません。

第五章

果てしない負の連鎖

二十一世紀はテロと戦争の時代

二〇一六年二月、北朝鮮が核実験に引き続き、「衛星打ち上げが目的」と称し、長距離弾道ミサイルの発射を続けざまに強行すると、アメリカの東海岸に達するほどの射程距離を持つミサイルに、世界に不安と緊張が走りました。

二十一世紀に入ってから、国際社会は不穏な空気に覆われています。

それは二〇〇一年九月十一日、ニューヨークの世界貿易センタービルにアメリカン航空十一便が激突した「アメリカ同時多発テロ事件」で幕を開けました。三千人以上の犠牲者を出すなど、航空機が使われたテロとしては史上最大規模の被害に世界中が震撼しましたが、その報復として勃発したアフガニスタン戦争やイラク戦争、さらにこれに対するＩＳＩＬ（通称イスラム国）などのイスラム過激派組織によるテロと、報復が報復を呼び、果てしない負の連鎖となって現在も続いているのです。

今や中東だけでなく、世界中の街がいつテロの標的になってもおかしくないという状況です。二十一世紀は、まさに「テロと戦争の時代」と言っていいかもしれません。

こうした状況を西欧文明とイスラム文明の衝突と捉え、今日の状況を予測していた学者もいました。しかし、東ヨーロッパでの紛争やイスラム諸国同士の対立、東アジア地域での緊張の高まりなど、さまざまな地域で軍事衝突が起きており、事は西欧とイスラムの問題だけに留まりません。

このような状況に至ってしまった本当の理由は何なのか、そしてテロや戦争はどうすればなくすことができるのか——。その答を探すため、現代のテロと戦争についてさまざまな角度から検証していくことにします。

本当の原因は民族や宗教の対立ではない？

紛争が絶えない中東では、しばしば宗教や民族などの違いが対立の原因とされますが、それは本当なのでしょうか。

イスラエルとその周辺のアラブ諸国との間では深刻な対立が続いており、紛争や戦争がたびたび起きてきましたが、その発端は次のようなものでした。

イスラエルを建国したユダヤ人は、自分達の国を持てなかったために長い間、迫害を受けてきました。そこで、数千年前に自分達の祖先が暮らしていたパレスチナに建国しようとする機運が、十九世紀末頃から高まったのです。

当時、イギリスはパレスチナを含むアラブ地域を支配していたオスマン帝国から、この地を奪い取ろうとしていました。そして、オスマン帝国と戦いを交えた第一次世界大戦中に、パレスチナに住むアラブ人に対してオスマン帝国からの独立を約束する一方で、ユダヤ人へは新たな国の建設を約束し、アラブ人とユダヤ人の両方から協力を得ようとしたのです。

つまり、無責任にもイギリスが「二重約束」をしてしまったため、対立する両者が同じパレスチナに住む権利をそれぞれ主張するという混迷が始まったのです。

しかも、イギリスは戦争が終わると約束を反故にし、アラブ地域をフランスと分割して植民地化してしまいました。そしてこの時、そこに住む民族や宗教、地域などを考慮することなく、自分達の都合だけで国境線を引いたのです。そして、これが今日の紛争の原因になったと言えます。さまざまな異なる民族が同じ国に同居していたり、逆に同じ民族なのに別々の国籍に分けられてしまい、自分達の国を持てずにいたりしているのです。これも、中東地域で紛争が絶えない理由の一つと言えるでしょう。

このように宗教や民族が異なるために対立しているのではなく、実はイギリスやフランスの身勝手な植民地化によって生じた政治的・経済的な要因で対立しているのだ、という見方もできるのです。その責任が紛争地帯に住む人々にはないことを考えると、なんとも切ない気持ちにさせられてしまいます。さらに、この他にも石油などの利権、欧米やロシア各国の政治的思惑といった具合に、さまざまな要素が絡み合って事態は一層複雑になっているのです。

先進国の政治的な思惑がテロを招いた

かつて戦争は国家間の争いでしたが、一九九〇年代頃から非国家のテロリスト集団が大きな力を持ち始め、国家に敵対するようになりました。彼らは強大な軍事力を背景に国家と対峙するようになったので、テロ行為はもはや単なる犯罪とは呼べず、「国家対テロ組織の戦争」とまで言われるようになったのです。特に、残虐なテロを繰り返しているISILは、シリアやイラクに領土を保有し行政を行うなど、従来のテロリストの枠を大きく超えています。

テロは無差別に人々の命を奪い、建物を破壊するなど、甚大な被害をもたらします。

どのような理由があろうと、私達はテロ行為を絶対容認すべきではありません。テロとは、暴力を使って政治的な目的を実現させようとするものです。現政権を打倒して新たな政府を樹立するといった明確な目的がある場合もあれば、感情にまかせた報復を目的とした場合もあるでしょう。テロが起きる背景や原因を知ることは、テロを撲滅するために有益であると言えます。

二十世紀後半にテロが頻発した中南米諸国の多くは、十九世紀半ばには独立を果たしましたが、十九世紀末頃になるとアメリカの強い影響の下に置かれるようになりました。第一次世界大戦後にアメリカの大企業が進出し、中南米諸国が原料の供給地や市場としての役割を担うようになる中で経済的な支配を強めていったのです。現地の人々の富は、植民地で行われていたように収奪されていました。そして、第二次世界大戦前後には中南米各国で軍事政権が次々に生まれ、国民の要求や不満を力で押さえつけるような圧政が行われました。そうした軍事政権を背後から支えていたのは、何を隠そうアメリカでした。

その後、一九五〇〜八〇年代にかけて、アメリカは中南米で成立した社会主義政権を倒すために親米の反政府側に武器や資金を供与したり、軍事政権の圧政を支えたりすることで、中南米におけるプレゼンスを拡大しようとしました。そして、アメリカに支援された独裁政権は、さらに国民に厳しい弾圧を加えたのです。

こうした中、中南米諸国では人々がアメリカに対し強い反感を募らせるようになってきました。アメリカ企業に富を収奪されて自分達は貧しくなり、アメリカ政府に後押しされた政権によって自分達の自由が奪われていると考えるようになったからです。このような反米感情を背景に多くのテロ組織が生まれ、痛ましい事件が続いてきたのです。その意味で、多くが共産主義政権の樹立といった明確な目標を掲げているのも、中南米のテロ組織の特徴だと言えそうです。

いずれにせよ、一九七〇～八〇年代の中南米は、テロや紛争が頻発する怖い地域だというイメージがありました。

一方、中東ではイスラム過激派によるテロが、一九九〇年代頃から激化しています。「イスラム」というと宗教的な要因を連想しがちですが、コーランの教えにテロを奨励するようなものはありません。

背景には、前述した「パレスチナ」という大きな問題が横たわっていますが、さらにその根底には中南米と共通した問題があると考えられます。つまり、現在のグローバル経済の仕組みに起因する貧困と独裁政権による圧政です。

さらに中東の場合は、大量の兵器が出回っていることやアメリカなどによる軍事攻撃も重なって、大きな戦災の傷を被ったことが加わります。また、前述したように列強による不自然な国境線も紛争を激化させています。中東では諸問題の元凶はアメリカを中心とする先進国にあるという考えが根強く、それがテロの温床にもなっているのです。

人を殺したり、建物を爆破したりしても、当然ですが、よい社会をつくることはできません。それどころか憎しみの連鎖が続き、平和社会の実現からは限りなく遠のくでしょう。テロ行為は、いかなる理由があったとしても許されてはならず、暴力は絶対に間違っています。しかし、その間違いを正すために空爆が行われることにも疑問を持つのは、私だけでしょうか。

たとえ彼らの理論や行動が間違っていたとしても、その背景にある貧困や格差、戦災、抑圧といった問題を解決するための努力を私達はすべきではないでしょうか。なぜなら、それがテロを防止するためだけではなく、世界全体の幸せにつながることだからです。

戦争とは「奪い合い」の歴史である

かつて、戦争は土地や食糧、資源などの奪い合いがもとで起こりました。これらは、私達個人の争いが発展したものという見方もできます。その最たるものが、世界最大の産業を生み出す石油利権の奪い合いです。

十九世紀後半までは、石油は明かりを灯すために必要な灯油の原料として利用されてきた程度で、さほど大きな需要はありませんでした。しかし、十九世紀末から二十世紀初めにかけて、自動車や飛行機などでガソリンエンジンが使われるようになり、ガソリンの原料として石油の需要が急激に増えていきました。そのため、ヨーロッパ諸国は石油を産出する中東地域を植民地化しようとしますが、そこはオスマン帝国の領土でした。

そうした状況下、一九一四年に勃発した第一次世界大戦で戦勝国だったイギリスとフランスが、敗北したオスマン帝国から石油を産出する地域を奪い取ることに成功するのです。第一次世界大戦は民族紛争が原因だと認識されていますが、石油利権の奪い合いという側面も強くあったのです。

一九三〇年代から第二次世界大戦後にかけて、イラクを始めとする中東の産油国は次々と独立し、石油資源が自国のものだと主張するようになりました。さらに一九七〇年代には、原油価格の決定権も持つようになります。そして、これまでのように石油メジャーに安く買い叩かれることがなくなり、原油価格が跳ね上がったのです。これが一九七三年に起きた、いわゆる「オイルショック」です。しかし、それでも石油メジャーは依然として、巨額の利益を上げ続けているのです。

二〇〇三年から始まったイラク戦争は、当時のサダム・フセイン政権が大量破壊兵器を保有していることを理由に、アメリカやイギリスなどによる空爆で戦いの火蓋が切って落とされ、日本では当時の小泉純一郎首相がいち早くイラク侵攻に支持を表明しました。しかし、のちに大量破壊兵器など存在しなかったことが明らかになり、何のための侵攻だったのか疑問を残すこととなりました。振り返れば、当初からフランスやロシアは「イラクを攻撃する理由がない」と、戦争に反対していたのです。

この裏には石油権益をめぐる思惑があったのではないか、と囁かれています。つまり、アメリカはイラクに石油権益を持っていなかったので、それを手に入れるために戦争を仕掛けたのではないか、逆にフランスやロシアはすでに権益を持っていたので反対したのではないか、という裏読みです。アメリカに追従した日本は果たして、そうした思惑を理解していたのでしょうか。

当時、アメリカのコリン・パウエル国務長官の首席補佐官だったローレンス・ウィルカーソン氏は、のちに日本の今後の安全保障のあり方を問われて、次のような発言をしたことがあります。

「私は、日本がいわゆる普通の国になるのを見たくありません。『普通』というのは十年ごとに戦争に行って……あちこちで何人も人を殺す。銃を持って石油を追いかける。爆弾を持ってエネルギーを追いかける。それが『普通』だ――」

開戦当時、ホワイトハウスの中枢にいたウィルカーソン氏だけに、その言葉はとても重いと言えるでしょう。

「戦争とは奪い合い」だと前述しましたが、歴史を振り返ると奪い合う対象も移り変わってきました。

十六世紀には、栄華を極めていた中南米のアステカ王国やインカ帝国をスペインが滅ぼしました。植民地として国そのものを奪ってしまったわけですが、彼らは銀山から莫大な量の銀を掘り出したり、サトウキビのプランテーションを経営して砂糖を輸出したりするなどして、巨額の利益を得たのです。そして、スペイン人は先住民を奴隷として強制的に働かせました。戦争によって領土(土地)は言うに及ばず、鉱物や農作物、そして労働力を収奪したのです。

十九世紀になって資本主義が発達してくると、商品を売る市場が「戦争による収奪物」に加わります。第四章で述べたインドにおける綿花栽培のように、十八～十九世紀にかけてイギリスはインドと何度も戦争をすることによって、植民地化を進めていきました。戦争のたびにインド人に重い税金を課したり、土地を奪ったりする権利を得ながら、プランテーションを拡大し、インドを綿織物の原料供給地だけでなく市場にもしていったのです。

戦争は市場を奪うだけでなく、新たな市場を創出することもあります。それが、イギリスが中国と戦ったアヘン戦争です。

十九世紀のイギリスは中国からお茶を輸入していましたが、代わりに中国へ輸出するものがなく、仕方なく代金として銀を払っていました。その銀の流出を何とか止めるために考え出されたのがアヘンの輸出だったのです。

インドでアヘンを栽培して中国へ輸出し、代金として銀を取り戻そうという考えでした。イギリス人が中国に大量のアヘンを持ち込むと、瞬く間に人々の間に広まり、莫大な利益をイギリスにもたらす一方で、中国人は心身が蝕まれた上に経済的に困窮するようになりました。自国に広がる麻薬禍に中国政府が慌てて、アヘンの輸入を厳しく取り締まろうとすると、イギリスはそれをやめさせるために中国へ戦争を仕掛けたのです。

結果はご存じのようにイギリスが勝利し、アヘンの市場は維持され、さらに拡大していくことになってしまいました。ここで奪われたのは富だけでなく、中国人の「命と健康」だったと言うこともできます。まったくもって酷い話です。

しかし、それだけに留まらず、その後の中国はこの戦争をきっかけに、欧米諸国や日本に領土を奪われ、支配されていくことになるのです。

戦争の概念を一変させた「死の商人」

中世ヨーロッパでは敵味方の区別なく兵器が売られ、売られた兵器は戦争という人殺しの道具となり、多くの人々に死や不幸をもたらしました。営利目的で敵味方を問わず、兵器を販売する人や組織を「死の商人」と呼ぶのはこのためです。

中東の産油国が石油メジャーの支配から脱却し、原油価格の決定権を自らが持つようになると、価格はそれまでの約五〜十倍になりました。そのために利益を失った欧米諸国は、埋め合わせとして兵器を売りつけることを思いつきます。このことは、前述したアヘン戦争を思い起こさせます。しかし、もともと需要がなかったアヘンとは違い、巨額のオイルマネーという富を手にした産油国の独裁者にとって、高性能の殺戮兵器は喉から手が出るほど欲しい物でした。

兵器は競って大量に買い求められ、一九七〇年代以降、大量の兵器が中東諸国に流れ込みました。そして、兵器はその後の度重なる戦争、独裁者による国民への弾圧、さらにはテロ行為に使われたのです。中東で戦火が絶えないのは、こうした事情が背景にあるからです。

軍需産業が盛んな国にフランスがあります。第二次世界大戦後のフランスはいわゆる西側陣営に属していましたが、アメリカの軍事力に依存せずに自国を防衛するというスタンスを貫き、兵器生産のすべてを国内のメーカーで賄っています。しかし、高度化した兵器の研究開発には莫大なコストがかかり、フランス軍が買い上げるだけでは採算が取れないため、外国に兵器を売って利益を得る必要に迫られました。いきおい、兵器メーカーは死の商人にならざるを得なくなってしまったわけです。

一九八〇年に起きたイラン・イラク戦争では、両国がフランス製の武器を使用して戦う様相を呈し、フランスはその無節操ぶりで国際的な批判を浴びました。また、前述したようにフランスはイラク戦争では反対に回りましたが、フセイン政権に売りつけた高額な兵器の代金が回収できなくなるのを恐れたからだ、などとも揶揄されたことがあります。

最近ではウクライナ問題をめぐって、フランスは対ロシア経済制裁への決断を迫られた際にも、ロシアから受注していた揚陸艦の納入を控えていたために制裁を渋り、ＥＵの足並みがなかなか揃わないということがありました。最終的にＥＵ（欧州連合）はロシアに対して経済制裁を課し、フランスも揚陸艦の売却を断念しましたが、契約金額が十二億ドルにも上るため、多大な損害が出ることを恐れて制裁を渋っていたのです。

このように巨大兵器産業の利益が、外交や安全保障などの国家政策よりも優先して考えられるというおかしな状況になっているのです。

戦争が起きれば軍需産業は潤いますが、もし軍需産業がマッチポンプのように自らの利益のために戦争を起こしていたとしたら、どうでしょうか。そうなると、「個人の奪い合いが発展した」という従来の戦争の概念を超え、まったく別なものと捉えざるを得なくなります。

第二次世界大戦で最高司令官として活躍した後、第三十四代アメリカ大統領に就任したドワイト・D・アイゼンハワーは、一九六一年の退任演説の中で次のように述べました。「私達は巨大な規模の恒常的な軍事産業を創設せざるを得ませんでした。これに加えて、三百五十万人の男女が防衛部門に直接雇用されています。私達は、アメリカのすべての会社の純収入よりも多いお金を毎年軍事に費やします。（中略）我々は、軍産複合体による不当な影響力の獲得を排除しなければなりません。誤って与えられた権力の出現がもたらすかも知れない悲劇の可能性は存在し、また存在し続けるでしょう。この軍産複合体の影響力が、我々の自由や民主主義的プロセスを決して危険にさらすことのないようにせねばなりません」

アメリカでは莫大な防衛予算が組まれ、政府や軍部、軍需産業などが癒着し一体となっていることを「軍産複合体」と呼び、それが大きなパワーを持って暴走することに警告を発していたのです。

軍産複合体を形成する軍需産業には軍用に特化している企業もありますが、多くは民生品を製造する有名な大企業です。航空機や自動車、重機、造船などのメーカーが製造する民生品は、軍用機や戦車、軍艦などの軍事技術やノウハウが転用されたものです。この他にも機械や鉄鋼、コンピュータ、エレクトロニクス、石油化学といった具合に、軍需産業は多岐にわたっています。

アメリカでは、巨額の軍事費が大企業や大学・研究機関に投じられており、産学官が連携して研究開発を行い、その成果が民生用にも応用されて産業全体の発展に役立ってきた側面もあるのです。また、多くの軍関係者や防衛官僚などが結びつきの強い企業に天下り、さらに産業界の議会に対するロビー活動もとても盛んです。このようにして、巨大な「複合体」が形成されているのです。

一九九一年にソビエト連邦が崩壊し、東西の冷戦が終結した一九九〇年代を通して世界全体では軍事費が減少し、アメリカの防衛予算もほとんど横ばいでした。この時期、軍需産業は経営が苦しくなり、再編が行われました。その後、二〇〇〇年代に入るとアフガニスタン紛争、イラク戦争とアメリカ主導の大きな戦争が続き、アメリカの防衛予算は一九九〇年代の約二倍となる六十兆円前後に膨れ上がりました。

アフガニスタン紛争のきっかけとなったアメリカ同時多発テロでは、爆撃を受けていないはずのビルが倒壊したり、二年後のイラク戦争では開戦の理由とされた大量破壊兵器がイラク国内で見つからなかったりするなど、アメリカの一連の軍事行動には多くの疑問が指摘されています。奇しくも前出のウィルカーソン氏が「十年ごとに戦争に行かなければならない」と語っていますが、兵器を消費することが戦争をする理由なのではないかと勘繰りたくもなってしまいます。

アイゼンハワーが退任演説で危惧した通り、軍産複合体が戦争を起こすことによって多くの命が失われ、人々が不幸に突き落とされたのです。アイゼンハワーが鳴らした警鐘は、現在の私達の心にこそ大きく響くのではないでしょうか。

第一次世界大戦中、アメリカはイギリスやフランスなどに軍需物資を大量に売り巨額の利益を得たことで、戦後は債務国から債権国に変わりました。そして、これを契機にアメリカはイギリスに取って代わり、世界の中心となったのです。

また、一九五〇年に勃発した朝鮮戦争によって大きな需要が起きたことで、日本は敗戦で疲弊していた経済が復活しました。いわゆる「朝鮮特需」です。朝鮮半島で戦うアメリカ軍のために、大量の軍需物資の生産を日本が請け負うことで利益を得たのです。軍服や毛布、テントなどの繊維製品、陣地のために必要な鉄やコンクリート、そして食糧品などを供給しました。さらには兵器や砲弾の生産、車両や航空機の修理なども行い、一九五一年には工業生産量が戦前の水準に達するほどの速さで回復したのです。

このように、戦争が起きると兵器だけでなく、さまざまな物資や作業が必要となり、大きな需要が生まれるのです。「経済効果」と呼んでもよいでしょう。

さらに、戦場となった国では建物や道路、水道、ガス、電気などのインフラ設備が破壊されるので、戦後になると膨大な需要が生まれます。戦争によって経済効果が生まれることを「戦争特需」と呼びます。近代の歴史を振り返れば、世界的な大不況が訪れると大規模な戦争が起こり、特需によって経済が回復するということが繰り返されているのです。

アフガニスタン紛争とイラク戦争でも、国土が大きく破壊され、戦後は国を一からつくり直さなければなりませんでした。復興には莫大な費用がかかるので、アフガニスタンとイラクに対して、世界各国が人道的な見地から資金を負担しました。

アフガニスタンの復興に関する国際会議は日本で開催されましたが、私も現地カブールに出向き状況を確認してきました。この「アフガニスタン復興支援国際会議」で決議された復興資金は、主に復興事業の発注を受けた先進国の建設・土木会社やプラント・機械メーカーといった巨大企業に支払われました。復興支援といっても、結局はアメリカを始めとする先進国の懐を潤すことになったのです。また、イラクの場合は莫大な石油収入も充当されます。先進国がデフレを克服するために、経済効果を当て込んで戦争が始まったのではないか、と感じてしまうのは私だけでしょうか。

戦争は国民の不満をそらす道具

政治に対する国民の不満が高まってくると、時の政権はしばしば懸案となっている外交問題を大きく取り上げて、国民にアピールすることがあります。信じられないことですが、場合によっては他の国に戦争を仕掛け、「外部の敵」をデッチ上げて国民の目を向けさせることで、批判の矛先が政府に向かわないように目論むことだってあるのです。政治家や官僚の保身のための戦争によって多くの国民が血を流すなど、決してあってはならないことです。

十九世紀後半になると、欧米諸国はこぞって植民地の獲得競争に走りました。その結果、アジアやアフリカのほとんどの地域が植民地化されてしまったのです。そこには、これまで述べてきた経済的要因だけでなく、別の理由もあったようです。というのも、当時は世界各国で国民の政治意識が高まりつつあり、労働運動や社会主義運動が活発化したため、領土を拡張して国民の不満を国外にそらす目的があったという指摘もあるからです。

第一次世界大戦後のドイツでは、敗戦による重い賠償金が課せられたところに世界恐慌が直撃したため、街には大量の失業者が溢れ、政府の経済運営に対する国民の不満が高まっていました。そこにナチス党を率いるアドルフ・ヒトラーが現れ、排外的な愛国主義を訴えて熱狂的に支持されました。ヒトラーは積極的な領土拡張策を掲げ、外国に戦争を仕掛けて勝ち続けていくことで、国民からの支持を確固たるものにしていったのです。戦勝パレードでオープンカーに乗ったヒトラーが、ドイツ国民に歓喜の声で迎えられる記録映像を思い出さずにはいられません。

強硬な外交政策で国民の不満の矛先を政府からそらそうとするのは、アジアでも同様です。

中国は現在、世界第二位の経済大国となったものの、共産党が独裁政権を敷いて国民から思想の自由を奪い、経済格差が大きく広がっている中で、国民の不満が高まっていると伝えられています。そのため強大な軍事力を背景に、南シナ海などの領土の主張において対外的に強い態度に出ることで、国民の不満を解消しようとしているのでしょう。

また、北朝鮮も危険な独裁政権の下で国民は貧しく虐げられているので、政治への不満は大きいはずです。そのため金正恩第一書記は、不満の矛先が自身に向けられることがないよう核実験やミサイル打ち上げを強行し、韓国への軍事攻撃を行い、対外的な緊張をつくり出しているのです。

中国でも北朝鮮でも、このように国民が政府に従うように管理されているのです。

真偽のほどは定かではありませんが、国内における失政をごまかすための軍事行動はアメリカにもあったとされています。一九九八年八月、アメリカはアフガニスタンとスーダンにあるテロ関連施設へミサイル攻撃を行いました。この攻撃が行われたのは、なんと当時のビル・クリントン大統領がホワイトハウス実習生だったモニカ・ルインスキーさんとの不倫の事実を認めた翌日だったのです。

あまりのタイミングのよさに、スキャンダルから国民の目をそらすために攻撃したのではないかとの疑惑が指摘されましたが、大統領は「攻撃は以前から計画されていたもの」として否定しました。しかし、この攻撃はアフガニスタン戦争など、「テロ組織対国家の戦い」へのトリガーを引く重要な出来事だったという側面もあるのです。もし、不倫をごまかすための攻撃だったとしたら、なんともやり切れない気持ちにさせられてしまいます。

このように、戦争には国民の目を外に向けさせるために、権力者の思惑によって起こされたと思しきケースが見受けられます。しかし、戦争は取り返しがつかないほどの大きな被害をもたらします。権力者の都合で戦争を起こされるなんて、たまったものではありません。私達は時の政権に対して、常にそのことを肝に銘じて注視する必要があるのです。

戦争を起こすのは人間の性《さが》？

「戦争を起こすのは人間の性」という説もあります。私達一人ひとりの心が戦争を起こす原因を持っている、と言うこともできるかもしれません。

それは、誰にでもある「欲しいものを手に入れようとする気持ち」で、これは人間の本能であるという考え方に立てば、確かに戦争を完全になくすことは難しいのかもしれません。また、「宗教や民族の対立によって起きる戦争」においても、他国への対抗心や差別意識があるとすれば、それも「私達の心が引き起こす戦争」と言えるでしょう。「国民の不満をそらす戦争」でも、私達の心の苦しさのはけ口として戦争が利用されます。

そうならないためには、私達は常に自分の心を律しなければなりません。また、平和維持のためのさまざまな条約や国際法、日本国憲法九条のような平和憲法、官民による国際交流は、私達の心が間違った方向へ進まないように、戦争への歯止めとして機能していると言えるでしょう。

一方、「奪うための戦争」については、大きな希望が見えつつあります。それは、私達が生きていく上で不可欠なエネルギーと食糧に関して、前述したように各国が自給できる可能性が出てきたことです。世界全体でエネルギーや食糧の自給が実現すれば、将来的に戦争による収奪が解消されることが期待できます。

また、前述した「軍需産業に利益をもたらすための戦争」や「経済効果のために起こす戦争」は、いってみれば「仕組みが起こす戦争」です。こうした戦争の原因は私達の心の問題でもなく、収奪することが目的でもありません。戦争をすること自体が目的で、軍需産業や国家経済が成長する仕組みや構造そのものが戦争を引き起こしているのです。

実際の戦争はいくつかの要因が絡み合って起きることが多く、また本当の理由が表向きのそれとは異なる場合もあるでしょう。しかし得てして、裏には権力者の経済的利益や政治的利益が隠れていることが多く、この仕組みが関係しているのです。特定の企業や業界の利益のために人々の命が失われることは決して許されないですし、経済成長のためには戦争に頼るのではなく、叡智と努力で勝負すべきなのです。

戦争を引き起こす仕組みは、第四章で述べた経済の仕組みと関連しているので、戦争を防ぐにはそこから変える必要があります。また、それだけでなく、経済の仕組みを変えることは社会全体を変革することにもつながります。その全体像については、次章で詳しく述べていきます。

第六章

目指すべき社会の姿

密接かつ複雑に絡み合う諸問題

第一〜五章で、私達が人類社会を今後も存続させ、幸せに生きていくために最も重要な要素と思われるエネルギーや水、食糧における状況、金融の仕組み、そして経済格差や戦争の原因について考察してきました。

そして前述したように、次のような問題点を指摘することができます。

エネルギーや水、食糧のいずれも、将来にわたって持続して供給できないということ。

また、生産や消費の過程で深刻な環境破壊や健康被害を招き、生命の危険さえあります。

また、産業構造も問題です。

いずれも特定の巨大企業や国家権力が生産と供給を独占しているため、強大な経済力や政治権力の源泉となっており、多くの人々が抑圧され貧困に陥り、戦争や経済危機を招いているのです。

一方、経済のグローバル化が進む中、世界中で経済格差が生じています。現在、ありとあらゆるものが投資の対象となり、巨大化した投資マネーの向かう先が「実物経済への投資」から「投機」へ移ってきたために、深刻な事態を引き起こしています。例えば、為替への投機は通貨危機を招き、一国の財政や経済を破綻させるまでに至るようになりました。投資や投機によって、実物経済の成長が重視されなくなったために、経済成長に重要な役割を果たしていた消費も重視されなくなり、消費を担う家計の収入も増えなくなって貧困化が進んでいるのです。

今、何よりも世界を危うくしているのが、戦争とテロです。現代の国際社会において戦争とテロは、撲滅に向けて我々が取り組まなければならない喫緊の課題と言えるでしょう。争いの要因として、中東のように宗教や民族の違いが挙げられます。しかし、多くの場合、その裏には軍産複合体の利益確保や自己存続、独裁国家の政権維持といった「真の事情」が隠されているのです。

これらの諸問題はそれぞれが個別に存在しているのではなく、お互いが密接かつ複雑に絡み合っています。

それだけに私達はとても深刻な状況に立たされており、従来の枠組や概念にとらわれていては、人類社会が存続することすら難しいでしょう。しかし、逆に言えば今、大きな方向転換をすれば、私達が長年抱えてきた苦しみを取り除き、人間として真の幸せを感じて生きていける持続可能な社会を築けるのではないでしょうか。

解決策のヒントは「自然の摂理」にアリ

我々の前に山積する諸問題は解決が困難なように思えますが、ある考え方に基づき整理して考えることで解決策が見えてきます。その考え方とは「自然の摂理」です。私達人間も自然の一部であり、私達がつくり上げた社会も自然の一部に過ぎません。それならば、自然の摂理を人類社会にも当てはめることによって持続可能で、人間が幸せに生きていける社会を築くことができるのではないでしょうか。

自然の摂理とは何か？　それは「バランス」と「循環」であり、極めてシンプルな原理原則なのです。

自然界では、あらゆるもののバランスが保たれています。例えば、自然界の生物は植物を草食動物が食べ、その草食動物を肉食動物が食べるという連鎖関係にあり、それらの数は一定でバランスが保たれているのです。

例を挙げると、カナダの森林に生息するカンジキウサギとそれを餌とするオオヤマネコは、ほぼ十年周期で一定の範囲内での増減を繰り返しているという調査結果が出ており、その理由は次のように考えられています。

ウサギの餌である草が茂って増えると、ウサギが増えます。草食動物のウサギが増えると草が減り、ウサギを食べるヤマネコが増えます。一方で、草が少なくなったこととヤマネコに食べられたことによって今度はウサギが減り、それを食べるヤマネコも減ります。

このように、自然界ではある生物が突出して増えたり、あるいは絶滅したりしないように絶妙にバランスを保つ仕組みが構築されているのです。バランスは、この世界が持続していくために不可欠な要素と言えるでしょう。

一方、循環はどうでしょうか。自然界で保たれているバランスと切っても切れない関係にあるのが循環です。

自然界では物質は常に循環し、滞ることはありません。例えば私達の体をつくり、エネルギーの素となっている炭素は、生物の体内と大気中を循環しています。呼吸や光合成、食物連鎖を通して、また死んだ後の体を微生物が分解してくれることで、炭素は自然界の中で循環し続け、生命に息吹を与え続けているのです。命には限りがあり、物もいつかは壊れますが、その素となっている物質が絶えず循環し続けることで悠久の自然が続いているのです。

このように循環することもまた、持続するための不変の原理と言えます。

バランスを取り戻せば、問題は解決できる！

第六章では、自然の摂理の一番目の法則である「バランス」の観点から、諸問題の解決策を探っていきます。

(1) エネルギー

ウランや化石燃料は世界の特定の地域でしか採掘することができないので、まず地理的にバランスが取れていません。そして、原料の採掘から加工、販売の過程で大規模な設備や多くの人員、巨額の資金が必要とされるので、大企業しか携わることができません。そのため、特定の国の政府や巨大企業が利権を独占しています。つまり、社会全体の中のほんの一部の人達が、ほとんどのエネルギー源を所有しているのです。とてもバランスが悪い状態と言えるでしょう。

それに対し、自然エネルギーはどうでしょうか。

世界中で太陽の光は降り注ぎ、風は吹いているので、どこでも得ることができます。

しかも、無料で無尽蔵です。また、発電施設は小規模で安価なので、各家庭や小さなコミュニティーなどで誰でも設置して発電することが可能です。従って、すべての人が利用できる上、必要なだけのエネルギーを自分達の手によってつくり出すことができるのです。そこには、エネルギー源を所有するという考え方さえ存在しません。これほどバランスのいいことがあるでしょうか。

⑵ 水と食糧

近年の大量消費や環境破壊が原因で水不足に陥る地域が増え、水が豊富にある地域と少ない地域との格差はますます大きくなってしまいました。

特に途上国では、もともと貧しい人達が安全な水を得ることが難しかった上に、水道事業の民営化などが加わり、水の確保が貧富の格差に直結するようになりました。つまり、富裕な人達のもとには水が豊富にあり、貧しい人達には不足しているというバランスの悪さが拡大しているのです。

昔は自然界に水はもっと豊富にあり、お金を払うこともなく手に入れることができました。大量に水を消費することをやめ、環境破壊をやめて水資源を回復しなければなりません。たとえ貧しくても、必要な水を十分得られるような仕組みを社会として整備すべきです。そして、誰もが必要な水を入手できる状態を実現し、バランスを回復する必要があります。

現在、アメリカやカナダ、オーストラリア、ブラジル、アルゼンチンなどの農業大国が大量の食糧を輸出する一方で、プランテーション農業や鉱物資源の輸出に頼る途上国や日本、韓国などの工業偏重の国々は、その多くを輸入で賄っています。このように、国によって食糧の供給力に大きな差が生まれ、ここでもバランスが崩れているのです。さらに、穀物などの取引が特定の巨大企業によって独占されているので、ごく少数の人達に食糧供給の権益が集中していると言えます。

また、生産現場では多くの農家が農薬や化学肥料、種苗などを企業から購入しないと農業を続けられない状況となっており、それらを供給する特定の大企業が大きな力を持っています。このように供給と生産の両過程において、特定の大企業に権限が集中しており、消費者や生産者は従属する立場にあります。力のバランスが大きく崩れているのです。

それぞれの国は、自国民が生きていくのに必要最低限の食糧は自給できるようにすべきです。

それには、有機農法が有効です。有機農法による国内自給が実現すれば、農薬や化学肥料は不要になり、第二章で述べたF1種などの一代限りの非効率な種苗を大企業から買う必要もなくなります。つまり、農家は誰にも依存することなく、自立して生産できるようになるのです。国家としても他国に依存することがなくなり、食糧安全保障が達成できます。そして、消費者も、特に途上国においては高額な輸入食糧を買わずに、地域で穫れた作物を食べて生活できるようになるのです。こうして生産者も消費者も自立して、食の安全も守られ、バランスを回復することができます。

さらに漁業は、次世代の魚を産む親魚を必要な数だけ漁獲することにより、魚全体の数を維持して、生態系のバランスを回復します。

(3) お金

この世に出回るお金はすべて中央銀行と民間銀行から貸し出されたもので、いつかは返さないといけないことを考えると、すべてのお金は銀行のものだと言うこともできます。これは、とてもバランスの悪い状態です。

さらに、借り主はこの世に存在しない利子分のお金を返す義務があるので、その分を返済できないと、土地や建物などの実物資産を銀行に差し押さえられ、最終的には競売にかけられてしまいます。結果として、世の中の実物資産が銀行に集まっていくことになり、ますますバランスが悪くなっていきます。

その上、現在では中央銀行が無制限にお金を発行でき、それに合わせて民間銀行も貸し出し量を増やすことができるため、バランスの悪さが極大化しているのです。しかし、政府がお金を発行すれば、購入した物の代金の支払いや補助金の支給、公務員への給与などにそのお金を使います。銀行から貸し出されたお金はいずれ返済されて消えてゆくはずのものですが、政府が発行するお金は「存在し続けるお金」、いわば「実体のあるお金」なのです。政府の発行するお金は、社会全体のお金とも言えますし、その時に持っている人のお金という言い方もできるでしょう。

また、これまで述べてきた諸問題は、「行き過ぎた利潤追求」が原因となっています。その根本的な原因は、この世に存在しない利子を付けて返済しなければならない義務が事業者に課されているからだと言えます。さらに、お金が無制限に生み出されるようになり、世界中を瞬時に駆けめぐるようになったことで、利潤追求がエスカレートしてしまったのでしょう。

その結果、富は一部に集中して経済格差が生じてしまい、大きくバランスを欠いた状態になってしまいました。

政府のみがお金を発行できるようにして、発行量を適切な規模に収め、民間銀行は預金額の範囲内で貸し出すこととし、利子は手数料程度にすべきです。それによって、事業者は適正な利潤追求をすることで、富の集中も是正され、さまざまな問題を改善する方向へ進められる素地をつくることができるのではないでしょうか。

絶え間なく循環させることがカギ

次に、自然の摂理の二番目の法則である「循環」の観点から、諸問題の解決を考えていきます。

(1) エネルギー

ウランも化石燃料も限りのある資源で、使い切ったらそこでお終いです。それに比べ、自然エネルギーは太陽光や風、水流など自然の力を利用しているだけなので、使ってしまってなくなるということはありません。まさに循環しているのです。

また、水素の特性を利用して電気を溜めておけるようになれば、必要な時にいつでも使える上、地域社会で融通し合うこともできるようになるので、これもエネルギーの循環です。

また、ウランや化石燃料の利用は環境を汚染し、破壊します。そして、一度壊れた環境は簡単には元に戻りません。その意味でも、「循環しないエネルギー」だと言うことができます。

(2) 水と食糧

水は雲から雨や雪となって地表に降り、地面や地下を流れて海に達し、蒸発して空に上り、再び雲となります。そしてその間、私達生物の体を潤します。人類による大量消費や環境破壊が、こうした自然界の循環を分断し、狂わせてしまいました。それが回りまわって、私達自身を苦しめているのです。自然で清らかな水の循環を取り戻さなければなりません。

循環の分断は、農業においても同様です。

農薬や化学肥料を使う農法は環境を汚染し、生態系を破壊してしまうので、自然の循環を止めるものです。Ｆ１種も生命の循環を止めてしまうものであり、遺伝子組み換え作物などは論外でしょう。

それに対し、有機農業は微生物や昆虫、小動物のような生物を生かし、炭素や窒素、ミネラルなどの物質を循環させ、自然のサイクルの中で作物を育てます。そのため、永遠に続けることができるのです。

(3) お金

貯蔵機能を持つ貨幣は利子も付くので、貯め込まれる性質を持ち、これがまさにお金の循環を阻害しています。一方で、バブル崩壊の後遺症により企業の投資が進まず、家計は収入の低下で消費が手控えられているため、お金が使われないという現実があります。不景気の原因は、お金が循環しないということなのです。

お金の循環を回復し貨幣の交換機能を十分に発揮させて、物やサービスの交換を活発化することによって、誰もが必要な物やサービスを十分に得られるようにする必要があります。それにより経済を安定させ、貧困をなくし格差を是正していくことができるのです。

それには、まず「価値が減っていくお金」の仕組みを取り入れることによって、お金の回転率を高めて経済効果を上げることが重要です。そして、エネルギーや農産物を地域で自給自足できるようになれば、さらに相乗効果が得られるでしょう。なぜなら、さまざまな分野にわたって、売買だけでなく雇用や資金調達も地域の中で完結するので、お金が地域内を太く速く循環するようになるからです。つまり、今まで地域の外に流出していた資金が地域社会の中に留まって回転し続けるので、地域に住む人々の収入が増え、豊かになることが期待できるのです。

また、政府がお金の発行量を制御するようになれば、バブルの危険性が低くなるので、企業は安心して経営できるようになります。何よりも、企業自身が過剰な利益追求の義務から解放されるので、投資に踏み出しやすくなり、給与も増やせるようになります。その結果、投資と消費の両面でお金が回り始めるのです。

お金を安定して循環させる手段としては、「ベーシック・インカム」も有効です。これは、すべての国民に最低限度の生活に必要な額の現金を定期的に支給する制度で、古くは十八世紀の有名な思想家トマス・ペインに始まり、その後も多くの経済学者等に受け継がれ、二十一世紀に入って世界中で議論が盛んになっているものです。

これが導入されると、貧困で苦しむ人がいなくなり、すべての人が生活の不安や将来への恐れを感じずに生きていけるという効果があります。経済的な観点からも、安定した厚みのある需要が継続するという利点があるのです。個人の側から見れば、将来の収入が約束されるので、今自分が欲しい物やしたいことに迷わずお金を使うことができます。また、企業の側から見ると、将来にわたって安定した需要が見込めるので、安心して投資ができるのです。

ベーシック・インカムは人の生き方に関わる深い問題を含んでいるので、導入には十分な議論が必要ですが、お金が絶え間なく循環して経済が安定し、私達が安心して生きていける社会をつくるという点では大きな効果があることは間違いないでしょう。

(4) 経済

現在のお金の仕組みのままでは、国家財政の破綻やハイパーインフレによる大恐慌から免れないとの懸念がありました。しかし、政府だけがお金を発行するシステムに転換することで財政破綻の危機を避けることができ、また、お金の発行量を制御することでハイパーインフレを防ぐこともできます。

また、お金の発行量が制御されたり、民間銀行が預金を超えて貸し出せないようになると投資マネーはかなり縮小するので、バブル経済を発生させたり、通貨への投機で一国の経済を破綻させるようなことはできなくなります。財政や経済を途切れることなく安定して運営していけることは、まさに循環そのものです。

(5) 平和

エネルギーや食糧の自給自足がそれぞれの国で実現できれば、これらをめぐる争いをなくすことができます。

また、オイルマネーや投資資金が縮小され、企業が「行き過ぎた利潤追求」をする義務から解放されると、経済的利益を得るために戦争を引き起こそうとする力を削ぐことができます。同じ理由から貧困や格差、抑圧、戦災を減らし、テロの温床を取り除くことも可能になるでしょう。平和の中で人々が日常生活を送れるようになれば、これも循環が戻ったと言えます。

(6) 格差

諸改革が実行されると投資マネーが縮小し、企業はいたずらに利益ばかり追う必要がなくなるので、その経済活動によって貧困を強いられていた人達の状況を改善することができます。また、エネルギーや食糧が投機対象でなくなり、環境破壊や経済危機、紛争を回避できるかもしれません。戦争がなくなれば、経済格差も是正されるでしょう。人々が貧困による苦しみから脱して生きていけるようになれば、人生の循環が始まるのです。

エネルギーや水、食糧といった資源、富や権力が一部の人々の間だけに偏在することは、本来必要であるはずのバランスと循環を壊してしまいます。そして、それこそが人類を危機に陥れるあらゆる問題を引き起こしていたわけです。

今こそ、我々は失われたバランスと循環を取り戻さなければなりません。つまり、「偏在から遍在へ」ということです。「遍」は訓読みでは遍く（あまねく）といい、広く行き渡るという意味です。「偏」と「遍」は読み方も同じな上、字も似ていますが、意味は正反対です。

誰からも支配されない「遍在社会」

この「偏在」と「遍在」という二つの考え方をわかりやすく図に表しました（百五十二頁）。左は現在の状態である偏在を示し、右は改革を行った後の状態である遍在を示しています。

左の図では三つの三角形がありますが、これはそれぞれエネルギー資源の産出国、経済大国、農業国を模式的に示しています。それぞれエネルギー、お金、食糧を握る特権階級的な国々です。そして、逆三角形になっているのは、例えばエネルギー資源の産出国であっても、資源から得られる恩恵を権力者が独占しており、権力を持たない庶民へはその恩恵があまり行き渡っていないことを示しています。逆ピラミッド型が表すように不安定な形であり、権力者は資源の奪い合いなどの理由から国同士の争いを引き起こし、一方で一部の貧困層はテロを行います。環境は破壊され、国家財政と経済は破綻に向かっています。

　では、改革が行われ、偏在を解消して遍在を達成した社会はどうなっているでしょうか。それが右の図です。細い長方形が三つずつひと固まりになっていますが、この固まりが一つの国を示しています。自然エネルギーと有機農業が普及し、どこの国でもエネルギーと食糧が自給できるようになっている状態です。そして、政府がその国に適した量のお金を発行し、それが

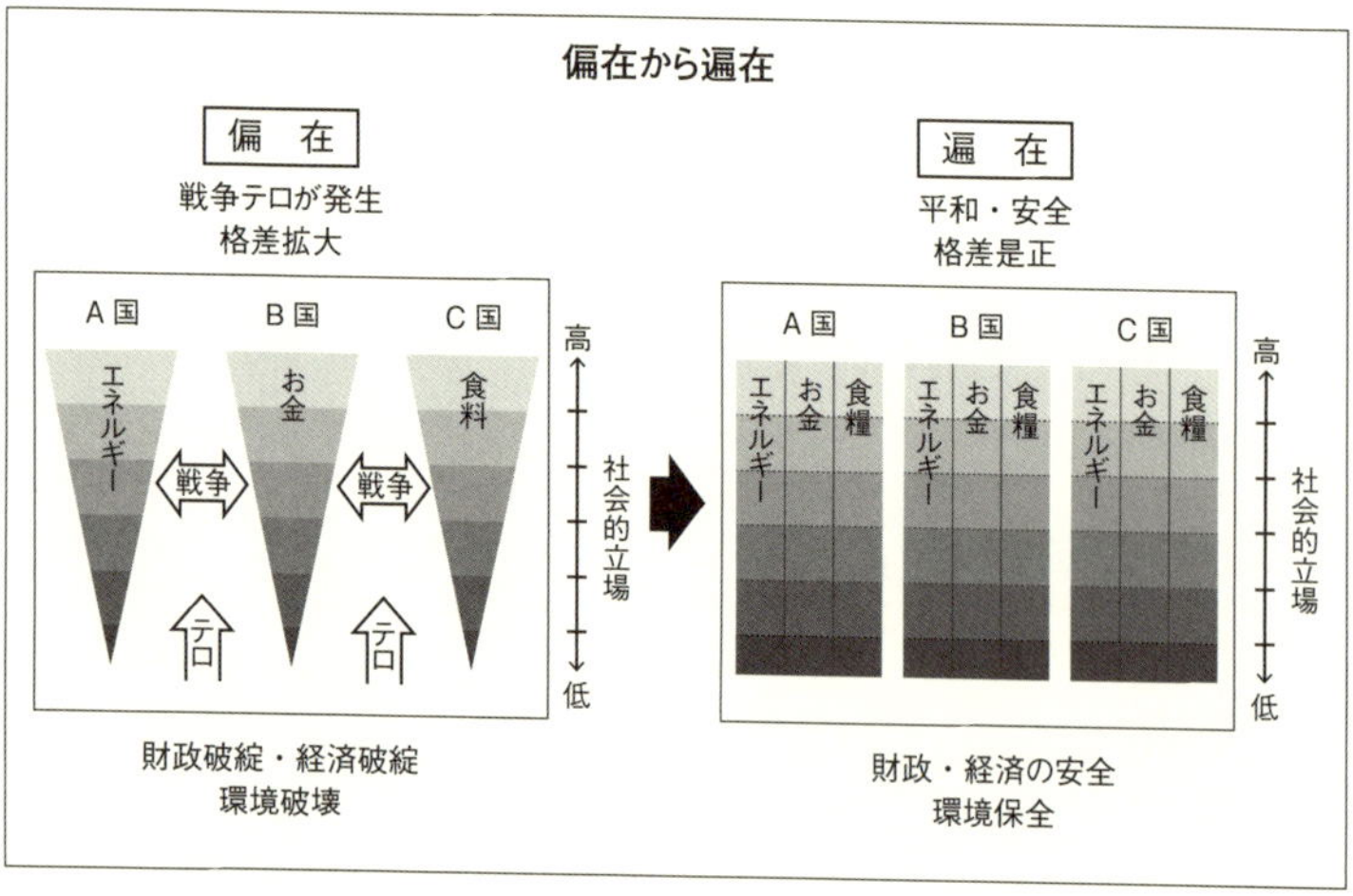

十分に出回っているのです。

逆三角形ではなく、長方形になっているのは、貧富の差が縮んでいることを表します。実際には、権力者と庶民の格差がなくなるということはないのでしょうが、以前よりも格差が是正されているということです。国同士の比較においても同様に、豊かな国とそうでない国との差はあるかもしれませんが、改革前よりも縮まっていると考えられるので、各国とも同じ太さで表しています。つまり、縦に見た場合には、一つの国の中でエネルギーも食糧もお金も偏りなく存在し、各国の比較においても格差が少ない状態にあり、横に見た場合は国内においても世界全体で見ても人々の経済格差が少ない状態です。全体で安定しており、平和が保たれ、環境は保全され、財政や経済は安定して運営されています。

富と権力が一部の人々に独占されている「偏在社会」では、ごく少数の「持つ者」が多数の「持たざる者」を支配していると、私は考えています。

例えば、途上国に住んでいる人であれば、ひどく貧しい生活を強いられ、政治的な自由も奪われ、戦争や環境破壊など理不尽な理由で深刻なダメージを被ることがあり、明らかな形で支配を受けていることがわかります。その場合、その国の人々は独裁者によって自分が支配されているという強い認識を持っているでしょう。

それでは、先進国で暮らす私達日本人の場合はどうでしょうか。表面的には自由主義経済や民主主義国家を謳う日本では、私達は自由に生きていくことができると考えられています。しかし、実際には安定した収入を失うことへの不安を常に抱き、景気動向に翻弄され、環境破壊や健康被害に苦しみ、戦争やテロの危機を心配して生きているのが実情でしょう。その結果、人々は自身の生活のことで頭がいっぱいになったり、自分の人生を自分の意志で生きられない無力感にとらわれたりしているのではないでしょうか。

つまり、経済的にも政治的にも自由であるはずの民主国家の国民であっても、やはり支配されているのです。庶民が権力者に支配されているという構図は、途上国となんら変わりはないのです。それは、これまで述べてきたような複雑で巨大な仕組みを通して行われているので、認識しづらくなっているだけだと言えます。

このような状態は、人間本来の姿ではありません。人間は本来、何者からも支配されない自由で自立した存在です。自由で自立した人間は、心の底から望むことを行うことで使命や役割を果たし、真の幸せを感じるとともに他人を幸せにできるのです。これこそが人間本来の生き方であり、人が生きる究極の目的ではないでしょうか。自然の摂理であるバランスと循環を取り戻した「遍在社会」では、これが人間のありようなのです。

第七章

新しい世界の創造

人々の意志が世界を創造する

前章で述べたような遍在社会を実現するためには、何が必要なのでしょうか。日本を含む多くの先進国では民主制が取り入れられているので、これまで述べてきた仕組みや技術をもとに政策を立案し、民主主義のルールに則って政策を実現する努力を進めていくことが必要です。そのためには政党をつくり、代表者を選んで立候補させ、選挙で当選させることが不可欠でしょう。国民が発議し、国民投票で決めるような直接民主制の強化も効果があると思います。

しかし実際には、世の中を少しでもよい方向へ変えようとする運動でさえも多くの壁が立ちふさがり、遅々として進まないのが現状ではないでしょうか。ましてや、遍在社会を実現するような根本からの大変革は、あまりにも難しいと感じるのが正直なところでしょう。

実際には、たとえ民主的な制度が整えられていたとしても、市民が政治を動かしていくことは難しく、大変残念なことですが、多くの人々が社会や政治に対して諦めているのが現実なのです。

　このような状況を考えると、政治的なプロセスよりも前にまず、人々の意識を変えることから始めることがとても重要だと言えます。

　人間本来の生き方とは、人々が心の底から望むことを行うことによって使命や役割を果たし、真の幸せを感じるとともに他人を幸せにすることだと、繰り返し述べてきました。これは「世界を創造すること」に他ならないと、私は考えています。一人ひとりが世界を創造し、それが人類全体に広がることで世界全体が生成発展していくのです。きっと私達は、そうした役割を背負ってこの世に生まれてきたのだろうと思うのです。

　ところが、ここで一つの矛盾に突き当たります。現在の偏在社会では、私達は本来の生き方ができず無力感にとらわれています。しかし、それではいつまで経っても現状を変革し遍在社会を実現することができません。そこで、この事態を打開するためには、次のようなプロセスを踏む必要があると考えます。

　まず、自らの意識を変える努力をし、自分達が世界を創造できることを認識して遍在社会を建設し、その実現後にはさらに各人が力を発揮してよりよい世界を創造していくのです。つまり、偏在社会にある現在であっても、私達は本来持っている世界を創造する力を取り戻し、壁を打ち破る努力をすべきなのです。

古今東西の思想から見た世界

「自分達の意志で世界が創造できる」という言葉は、現実離れした壮大な話に聞こえ、気後れしてしまうかもしれません。また逆に、実際の社会とは無縁の何かとても抽象的で内面的な説を論じているのでは、と感じられるかもしれません。しかし、そのどちらでもなく、私達が社会の中で日々生きていく中で行うことなのです。

では、どのような心のスタンスでこの問題を受け止め、考えればよいのでしょうか。私は次のように考えています。

偏在社会の中で毎日、目の前の出来事に追われる生活をしていると、自分達にとって真に大切なことを考える機会を見失いがちになります。しかし、誰もが心の中に持っている、「私達がどうして存在しているのか」とか「どうしてこの世があるのか」といった根源的な疑問を思い出せば、その中にこの問題を捉えるヒントが見つかるのではないでしょうか。

そもそも「自分達の意志で世界を創造できる」と言う時の、「世界」や「意志」とは何でしょうか。

それは、人類がずっと昔から考えてきたとても難しい問題ですが、さまざまな思想や哲学、現代の物理学や医学などの成果を通しておぼろげながらわかってきたのではないかと考えています。では、大胆な試みであることを承知の上で、それについて私なりの見解を述べていきます。

世界とは一般的に考えれば、私達が見ている風景や聞こえている音、そして触って感じられるものであり、自分から見ても他人から見ても同じもののはず、というように思えます。ところが、そのような私達の常識とは異なる考え方がいくつもあるのです。東洋思想と西洋思想の両方から見ていきます。

まず、私達日本人には馴染みの深い「いろは歌」に込められた思いから見ていきます。「いろは歌」は、日本語のすべての仮名四十七文字を一つも重複することなくつくられた歌です。作者は平安時代の高僧だった空海や飛鳥時代の歌人だった柿本人麻呂など、諸説ありますが、つくられた年代や作者ははっきりしていません。内容は、わかりやすいように漢字を用いて記すと次のようなものです。

「色は匂へど散りぬるを　我が世たれぞ常ならむ　有為の奥山今日越えて　浅き夢みじ酔ひもせず」

歌の意味はさまざまな解釈がなされていますが、多くは次のような内容です。

「花の色は移りやがて散っていく。この世に一体何が移り変わらぬものがあろうか。すべて移り変わりゆくこの世界で、浅い夢など見ないで酔ってなどいないで、（本当に幸せなところに）今日こそ行こう」

つまり、この世は確固たるものではなく夢のようなものなので、起きている現象に惑わされず、自分が強い意志を持って本当の幸せを目指して生きていこうという意味です。古来より日本人がこの歌で日本語を勉強してきたということは、私達の心にこの考え方が浸透しているのではないでしょうか。

紀元前六世紀頃の古代中国の思想家である老子は、この世界がどのように成り立っているのかを考え、万物がそこから成長するものや万物の存在を成り立たせているものを道（タオ）と呼び、それは「無」であるとしました。つまり、この世にあるものはすべて無から生じ、姿を変えたりしながら、最終的には無に帰ると考えたのです。そして、この思想を受け継いだ紀元前三世紀頃の思想家である荘子は、「胡蝶の夢」と呼ばれる次のようなたとえ話で自らの思想を説明しました。

「私は夢の中で蝶になり、楽しくのびのびと飛んでいました。そして、ふと目覚めると自分が荘子であることに気づきました。一体、私は蝶になる夢を見ている荘子なのか、それとも、人間（荘子）になった夢を見ている蝶なのか、どちらだろう」

この話は、どちらが夢でどちらが現実であるか、あるいは自分が荘子であるか蝶であるかは問題ではなく、いずれにしても自分自身であることには変わりはないので、その場で満足して生きていくことが大切であるという考えを示しています。

「無の思想」も「胡蝶の夢」も深遠な思想であり、どのように解釈してよいのか難しいのですが、この世界は確固としたものではなく、相対的なものであり、自分達の見方によって変わるということを示していると言えます。

日本でもよく読まれている「般若心経（はんにゃしんぎょう）」は、大乗仏教という仏教の宗派の経典で、『西遊記』で有名な三蔵法師が七世紀にインドを周遊した際に持ち帰り、初めて中国語に訳したとも伝えられています。その内容は、大乗仏教の最も大切な教えである「一切皆空（いっさいかいくう）」という考え方をわずか三百字足らずで表したものなのです。

その中に「色即是空（しきそくぜくう）、空即是色（くうそくぜしき）」という有名なフレーズがあります。「色」とは形あるもの、つまり物質を表します。「空」とは形がないもの、つまり何もない空間を意味します。「あるもの」が「ないこと」と同じで、「ないこと」が「あるもの」と同じということになります。つまり、この世にあるように見えるものは、すべて実在していないという考え方なのです。

大乗仏教には、もう一つ重要な教えがあります。それは、「唯識（ゆいしき）」という考え方です。何もないものがどうしてあるかのごとく感じられるのか、ということを説明するものです。唯識の「識」とは、五種類の感覚（視覚、聴覚、嗅覚、味覚、触覚）と意識、さらに二層の深層意識を指します。一番根底にある識は阿頼耶識（あらやしき）と呼ばれ、一切の現象を起こさせる能力を持つ「種子（しゅうじ）」というものを内蔵しており、これがこの世のすべての現象が起こしているとされています。そして、起こった現象は直ちに阿頼耶識に影響を及ぼし、再び新たな種子となるのです。

例えば人間が何かを行ったり、話したり、考えたりすると、その影響が種子に記憶され、阿頼耶識に蓄えられることになります。そして、この動きは一瞬のうちに行われ、次の瞬間には消えていきます。また、この種子の中には他人と共通のものも含まれているため、世界が誰にも同じように見えていると考えられているのです。

阿頼耶識が他の七種類の識と相互作用して、私達は世界を認識するという考え方ですが、大乗仏教の思想にもとづけば、認識ではなく、生み出すということになります。なぜなら、「この世にあるように見えるものは、私達の心の働きが生み出したものである」という考えが基本にあるからです。実在する世界はなく、唯（ただ）、私達の中に「識」

があるだけという考えなので、「唯識」なのです。

大乗仏教では「世界」は一切実在せず、私達の「意識」がつくり出したものということになります。このような考え方は東洋思想の大きな流れの一つになり、日本に広く普及した仏教の各宗派にも受け継がれました。ちなみに、天台宗や日蓮宗は汚れがない無垢で清浄な識として阿摩羅識（あまらしき）を加えて九識とし、すべての現象はこの阿摩羅識から生まれると位置づけました。さらに、真言宗では「乾栗陀耶識（けんりつだやしき）」を加えて、十識としています。

一方、西洋思想はどうでしょうか。

紀元前四世紀の古代ギリシャの哲学者プラトンは、絶えず移り変わる現実の世界を超えて、永遠に変わることのない理想の世界が実在すると考え、それを「イデア」と名づけました。そして、イデアは感覚で捉えることはできないので、「理性」によってのみ知ることができるとしたのです。

さらに、プラトンはイデアこそが真の実在であり、現実の世界の方がその不完全な模像であり、単なる影に過ぎないと考えるようになりました。そして、イデアの影である現実を実在だと思い込んでいる多くの人々に対し、次のような例え話を用いて説明したのです。

「洞窟の中で壁に向かって座らされ、後ろを振り向くことのできない囚人が、壁に映っている影絵の人形劇を見ている。実際には囚人の後ろの人形の影が壁に映っているのだが、囚人は壁に映った影を実物だと勘違いしている」

一般の人々が「囚人」であり、現実の世界が「壁に映った人形の影」であり、イデアが「人形」になぞらえられています。

プラトンは、人間の魂はかつてはイデアの世界に住んでいたが、今では肉体という牢獄に捕らえられ、感覚にとらわれた現実の世界を実在と錯覚し、イデアを忘れ去っていると考えました。そして、イデアを現実の世界で実現しようと構想を練っていたのです。プラトンの考えによると、私たちの意識では「実在する世界（イデア）」を認識することはできず、「実在していない影の世界」のみを認識することができるということになります。

時代はめぐり、十七～十八世紀頃にかけてヨーロッパの哲学者達の間で、さまざまな議論が戦わされました。

まず、十七世紀のフランスの哲学者デカルトは「我思う、ゆえに我あり」という有名な言葉を残していますが、これはどういう意味なのでしょう。デカルトは、この世にある自分以外のものの存在をすべて疑っていたのです。世界は存在しているように見えているだけで、実は存在していないのではないかと疑い、さらに自分の体の存在さえ疑っていたのです。そして最終的には、疑っている自分、つまり意識だけは確実に存在しているだろうという考えに辿り着きました。常識的に考えると、「どうしてそこまで疑うのだろう」と思ってしまいますが、デカルトにとって自分の感覚は信頼できないものであり、それによって知る世界は不確かなものだったのです。

その後、デカルトは人間の意識には判断能力のようなものが生まれつき備わっていると考え、それを「理性」と名づけました。そして、この理性によって世界を正しく知ることができると考えたのです。また、この理性をすべての人に公平に与えられたものと捉えて、理性に従う時に人は自分が自由意志を貫いていることを感じ、自分自身を尊重する心を持つことができるとしました。

これに対し、人間は生まれながらに備わっている知識や判断力などなく、観察や経験による感覚を通してのみ知識を得られると考える哲学者らが、イギリスを中心に登場しました。その代表格が、十七世紀のイギリスで活躍した哲学者のジョン・ロックです。政治哲学者として、社会契約説を提唱したことでも知られています。人間の心はもともと「白紙」であり、すべての考え方や知識は経験によって得られると、彼は主張しました。しかし、それによって得られる知識は限られたものであり、物体の性質を完全に知ることはできないと主張しました。

その後、彼の後継者の一人であるジョージ・バークリーは、次のように表明しました。

「世界も私の身体もすべて私が知覚する限りにおいて『私の心の中に存在する』のであって、これが世界の実体である」

そして、「存在することは知覚されることである」と断じたのです。

さらに、ロックのもう一人の後継者であるデイヴィッド・ヒュームは、自分達の持つ知識は経験を通して生み出された信念のようなものであり、絶対的に確実な根拠を欠いているので信用できないと考えました。従って、この世界がどうなっているかを私達が知ることはできない、と結論づけたのです。

このように、経験にもとづく知識を重視する考え方の人達は、世界を確実に正確に知ることはできないという人間の側の限界に着目している点は共通していると言えます。

そして、こうした思想を踏まえつつ、統合された考え方を唱えたのが十八世紀ドイツの有名な哲学者イマヌエル・カントだったのです。

カントはまず、外部の物体も確かに存在するが、それは感覚から得られたあいまいなイメージ（現象）に過ぎないと考えました。そこで、その物体がどのようなものであるかを捉えるのは、私達の意識によると考えたのです。つまり、目の前にバラの花があったとすると、まず花の色や形、香りといった個別の現象を感じて、それから頭の中で個別に感じた素材同士を結びつけ、これが「バラの花である」と認識するというのです。言い換えると、「世界」に存在する素材を「意識」によって再構成することで、私達は世界を認識する、と言えるでしょう。ここでいう意識には「悟性（ごせい）」と「理性」の二つが含まれ、これらは人が生まれながらに持っているものとされています。「悟性」とは雑多な情報を結びつけて一つにまとめる判断力を指しており、「理性」とは道徳的な判断をする力とされています。

自然界に自然法則があるように、人間界にも従うべき道徳法則があると、カントは考えました。この法則に基づく命令を発している、私達の心の奥にある物をカントは「理性」と呼んだのです。理性は一人ひとりの心の中に存在しますが、人類に共通のものであり、欲望や感情に惑わされずそれに従って行動する時、人は真に自由な状態にあると考えました。

それまでは、世界にあるもの、つまり対象をそのまま模写することが認識することだと考えられていたので、いわば「認識が対象に従う」という考え方でした。ところが、カントの考え方では認識が対象を再構成してしまうので、「対象が認識に従う」こととなったのです。これは、「コペルニクス的転回」と呼ばれました。

カントの考え方は「世界の実態は空であり、私達の意識が世界をつくり出している」という考え方と、「世界には実体があり、私達はそれをそのまま感じ取っている」という考え方の中間だという言い方もできます。そして、それまでの哲学者達と比べ、人間の意識の内容や段階をより詳しく分析していると言えるでしょう

このように、古今東西のさまざまな思想家や哲学者が「世界」や「意識」とは何か、そして、それらの関係性について考えてきました。これらの論理は難解なので、完全に理解することはとても難しく、またどれが正しく、どれが間違っているか見分けることなどとてもできません。しかし、十九世紀以降の科学の発展により、別の角度から真実を探る糸口が見つかりつつあります。

世界はたった三種類の粒子からできている!?

紀元前五世紀頃の古代ギリシャの哲学者デモクリトスは、この世にあるすべてのものの根源は、それ以上分割することのできない微小な物体である「原子（アトム）」ではないか、と考えました。生き物は死んで朽ちたり、物は壊れたりするが、原子は新たに生まれることもなく、消えることもない不変の存在としたのです。また、原子は絶えず運

動しているので、この世界には原子が存在し運動する場所として「空虚」があることを主張しました。そして形や大きさ、配列、姿勢の違う無数の原子の結合や分離によって、この世のすべての現象が生じるとしたのです。

その後、紀元前四世紀頃のギリシャの思想家エピクロスは、デモクリトスの原子論をもとに新しい生き方を提唱しました。彼は一時的な肉体的快楽ではなく、永続する精神的快楽にこそ真の幸福があると考え、「魂の平安」を得ることが最も大切であると説いたのです。そして、その根拠として、「この世の一切の現象は原子の離合集散と見なすことによって、魂の平安を乱すさまざまな迷信や死の恐怖から自由になることができる」という考えを示したのです。

この二人の思想は驚嘆に値します。

デモクリトスは、二千年以上もあとに科学的に立証される理論をどうして当時、知り得ることができたのでしょうか。原子に関する捉え方は、十九世紀以降にわかってきた事実に細かい点までかなり一致しています。そして、エピクロスに至っては、現在の私たちが直面する問題をすでにこの時代に受け止め、その答を出して新しい生き方を提唱していたという事実に驚きを禁じ得ません。

しかし、その後、彼らの思想は受け継がれることはなく、代わりにエピクロスと同時代に生きた天才哲学者アリストテレスの考えが主流となっていきました。

アリストテレスは、この世界にある物質は火、空気、水、土の四つの元素から構成されるという「四大元素説」を唱え、物質は粒子などではなく連続していると説いたのです。この説は科学の発達していない時代に直観で考えるとすれば、極めて常識的な考えのような気もします。この説は長きにわたって強く信じられ続け、イギリスの化学者ジョン・ドルトンが十九世紀に原子説を提唱した時でさえ、まだ四大元素説を理由に反対していた学者がいたほどです。こうした歴史的な経緯を考えると、デモクリトスとエピクロスがいかに先駆的だったかということが際立って感じられます。

十九世紀初めに、ドルトンがこの世のすべての物質は元素ごとに違う原子からできているのではないかと提唱し、水素、酸素、窒素、炭素、硫黄、リンという六種類の元素の原子量（相対原子質量）を示す表を発表しました。その後、世界中で元素の発見競争が起こり、十九世紀後半にさしかかると発見された元素は六十を超え、ロシアの化学者ドミトリ・メンデレーエフが一八六九年に、元素を一定の規則によって配列した「周期表」を作成すると、表の空欄を埋めようとさらに競争は過熱しました。そして、ついに一九三九年、未発見だった最後の元素が発見されると、原子番号九十二のウランまでの周期表は埋め尽くされ、自然界に存在するすべての元素が明らかになったのです。

その結果わかったことは、この世はさまざまな形態のあらゆる物質があるように見えるが、実はわずか百種類程度の原子の組み合わせだったということです。つまり、異なる種類の元素が結合して化合物になると、私達の目には別な物質に見えていたので、たくさんの種類の物質があるように感じていたのです。また、一つの物質の分子がピッタリくっついて並んでいると固体になり、少し動き出すと液体になり、激しく動くと気体になることがわかり、見た目が大きく違っても同じ物質が姿を変えていただけ、ということもわかってきました。

さらに二十世紀前半には、日本の物理学者の長岡半太郎などの尽力もあり、原子は陽子と中性子で構成される原子核と、その周囲をまわる電子からできていることがわかりました。そして、種類の違う原子はまったく別の物質からできているのではなく、陽子の数が違っているだけだったということもわかったのです。

このように原子の研究が進むにつれ、この世界を構成しているもとになっている物は、とてもシンプルなものであることが判明していきました。そして、デモクリトスの言葉を借りれば、「陽子、中性子、電子のわずか三種類の粒子の離合集散によって、この世のすべての現象が生じる」と言えるようになったのです。その後も研究が進み、この三種類の粒子以外にもいくつかの粒子が存在することや、陽子や中性子がさらに小さな粒子からできていることもわかってきましたが、基本的にはこの三種類の粒子で世界ができていると言っていいでしょう。

さらに、原子核と電子はとてつもなく離れているという驚くべき事実もわかってきました。原子核が直径一〇cm程度のソフトボールのような球体であるとすると、原子はそれを中心とする半径一・五kmの円となり、その円周上を電子がまわっているようなイメージなのです。つまり、原子は原子核の大きさから見ると果てしなく巨大であり、中身はスカスカなのです。ちなみにこの場合、電子の大きさは例えようのないぐらい小さな点です。

自分の周囲を形づくっている世界も自分自身の体も、わずか三種類の粒子がスカスカの状態で集まってできているだけなのです。

百年近く前に人類が知った事実ではありますが、私達の実感とあまりにかけ離れていて想像することすらできません。しかし、これが現実の世界なのです。

世界も自分自身の体も、わずか三種類の粒子がスカスカの状態で離合集散を繰り返しているだけだとすれば、例えばそれらが砂嵐のように見えていてもおかしくありません。あるいは、ほとんど透明であってもよいはずです。しかし、実際の私達にはどのように見えているでしょうか。

例えば、よく晴れた日に森の中に足を踏み入れたとしましょう。抜けるような青空のもと、森の香りに包まれ、青々と茂った木々の間を縫って進むと木漏れ日が優しく降り注いでいます。近づいて見ると、一瞬のまぶしさとともに肌に温もりを感じます。耳を澄ますと鳥のさえずりと小川のせせらぎが聞こえてきました。小川の水を手ですくうと心地よい冷たさを感じ、飲んでみるとおいしく、さわやかな気持ちになり、とても幸せな感覚に包まれます。

このように私達はさまざまな色や形を目にし、音を聞き、匂いを嗅ぎ、味わい、温感や触感を感じます。そして、楽しいとか苦しいといった感情が湧き、幸せであるとか不幸であるというような思いまで抱きます。これらの感覚や思いが、前述したようなスカスカの粒子の動きから生じているとは、とても思えません。そうした疑問には、現代の脳に関する研究が答えてくれているので、それについて述べます。

脳が世界を認識する仕組み

脳に関する研究は「脳科学」と呼ばれ、認知や行動、記憶、思考、情動、意志など、人間の心の働きを生み出す脳の構造と機能を明らかにすることを目指して、二十世紀後半から急速に発展しました。特に二十世紀末頃からは計測技術などの発達により、かなり詳しく解明されています。

それでは、私達が外界で起きる事象をどのようにして感じ取るかについて考えてみましょう。例えば、目の前のバラの花を見る時にはまず、光の粒である光子がバラの花を構成している粒子にあたって反射してから私達の眼の奥にある網膜にぶつかります。外から受けることは、これだけなのです。

次に網膜に光子があたった時の情報が脳に伝えられ、複雑な処理が行われます。そこではバラの花の色や形、光沢の程度などの情報が個別に送られ、眼の左右の見え方の違いから奥行きの三次元構造などが割り出され、最後にそれらの情報が統合されて脳の中で画像が構成されるのです。音を聞く場合も同様で、空気中を音が伝わる時、空気中の窒素や酸素などの分子が動きます。そして、その分子が鼓膜にぶつかり、そのぶつかった情報が脳に伝えられて構成され、私達は音を聞くことができるのです。

いずれにしても重要なことは、外界のものがそのまま見えたり聞こえたりしているのではなく、脳の中で「つくり直されている」ということです。もともとあったものがただの粒子の集まりだったことを考えると、むしろ「つくり出されている」と言った方がよいでしょう。これが、スカスカの粒子の離合集散がきれいな花に見えたり、心地よい音楽に聞こえたりするメカニズムなのです。なぜ、そのように見えたり聞こえたりするのかという問いに対しては、「そのように見えたり聞こえたりするように脳ができているから」という答しかないのです。

脳科学者の茂木健一郎氏によれば、私達が何かを認識するという行為は、「感覚的クオリア」と「志向的クオリア」という二つの要素の組み合わせなのだそうです。

「クオリア」とは質感のことで、感覚的クオリアとはバラの花であると認識する以前の色や光沢、香りなどの質感であり、志向的クオリアとは「これはバラの花だ」と認識する時に心の中に立ち上がる質感なのです。感覚的クオリアはどんな場合でもあまり変化がなく、安定していると言えます。

一方、志向的クオリアはその時々の状況や過去の経験などによって、大きく変化するという特徴があります。バラの花が好きな人は嬉しい気持ちが湧くでしょうし、バラのトゲが指に刺さった経験があれば、苦い思いを感じるかもしれません。また、志向的クオリアは感覚的クオリアがなくても、単独で立ち上がることもあります。例えば、何かを思い出している時や考えを張りめぐらせている時です。

志向的クオリアを生み出しているのは、脳の中にある膨大な神経細胞のネットワークです。それが視覚や聴覚や味覚などの感覚的クオリアを統合する役割も担っています。そして、その神経細胞のネットワークは、統合する過程で無意識のうちに何を見るのかを選択し、世界がどう見えるかということに大きな影響を与えます。そして、意識した状態においては、言語を活用するという働きがあるのです。

言語は何かを感じたり考えたりする上でとても重要なもので、「人間の意識の本質は言語である」と言われるほどです。例えば、私達は「森の中で木の葉の間からチラチラと漏れてくる太陽の光の感じ」を「木漏れ日」という言葉に置き換えて、物事を考えることができます。さらに、たとえ目の前にその状況がなくても、それについて考えることもできるし、他人にそのことを伝えることもできます。また、見たことがない物やこの世にない物であっても名前をつけて、それについて考えることができるのです。このように言葉を用いることで、私達はこの世界を認識し、高度な思考を行うことができると言えるでしょう。

志向的クオリアを生み出している神経細胞のネットワークのもう一つの大きな役割は、自分が自分であると感じることとされています。

「私が私であること」を認識する自己意識はあって当たり前のような気がしますが、実は人間以外の動物では持っていない高度な能力なのです。他人に心があるということがわからなければ、自分に心があることもわからないのではないかという考え方もあり、その考えにもとづいた実験結果からは、チンパンジーのような人間に近い動物でさえも自己意識があるかどうかを明らかにすることは難しいのです。私達が自己意識を持ち、「私が○○を感じている」という主観を確立できたことで、どのように世界を見るかという方向性が定まります。そうすることで志向的クオリアが立ち上がり、さまざまなことを感じたり考えたりできるようになるのです。

このように人間は自己意識を確立し、言語を使えるようになったことで、視覚や聴覚、味覚などの感覚情報を統合し、高度な次元で世界を認識できるようになったのです。

脳科学が明らかにしつつある認識の仕組みは、唯識やカント哲学との一致点が多くあり、あらためて驚きの念を感じます。やはり、「対象は認識に従って」いたのです。

この世界はわずか数種類の粒子の集まりで成り立っており、私達の脳がそれをいま見ているような姿に映し出していることがわかったからです。しかも、どのように見えたり感じたりするかは、自動的に定まっているのではなく、その時点で私達の意志が強く入り込んで決まってくるのです。

私達は常に何かを感じ、常にそれに対し行動を起こしています。そして、それが瞬時にフィードバックされ現実（世界）がつくられていきます。つまり、私達は日々、瞬間瞬間、世界を創造していると言えるでしょう。

「世界を創造する」という言葉を聞くと、何か新しい物や建物などをつくったり、新しい仕組みや組織などを構築したりすることを連想しがちです。あるいは、そうしたモノやコトをつくるための特別な仕事や活動に従事することを指したりするのかもしれません。

しかし、これまで述べてきたように、日常の生活を繰り返すこと、日々生きていることだって、世界を創造することに変わりはありません。私達に与えられているのは、創造するかしないかという二者択一ではなく、どのような世界を創造するかという選択肢なのです。

そう考えると、私達の創造力を封じてしまいがちな現在の偏在社会も、実は私達自身が「創造」してきた結果と言えます。ほとんどの人々にとって、意図してきたことでは決してないはずなのですが、無意識のうちにつくり上げてしまったのです。善きにつけ悪しきにつけ、私達がこの世界をつくっていることを意識した上で、自分本来の生き方ができる遍在社会を創造していかなければなりません。

人間本来の生き方とは、「心の底からやりたいと感じることを行うことで使命や役割を果たし、真の幸せを感じるとともに他人を幸せにすること」であり、こうしたことが可能になる社会の実現こそが「真に」世界を創造することに他なりません。

偏在社会も遍在社会も、私達自身がつくり上げるものです。しかし、真に世界を創造することを私達は目指さなければなりません。

私達に与えられた役割

では、真に世界を創造するためには、私達は何をすればよいのでしょうか。それを考える上で、二十世紀に入ってからの物理学の進歩は、重要なヒントを与えてくれています。物理学の分野では、私達の常識を超える成果が次々と発表されています。そこでわかってきた事実や考え方の多くには、「私達の意志が世界を創造する」ことへの深い示唆が込められているのです。

言うまでもありませんが、私達の目に見える物はそこに必ず存在しています。しかし、原子や分子といったとても小さな粒子の世界ではそうではないのです。ミクロの世界では、粒子は確実にある場所に存在するのではなく、確率的に存在しているのです。「確率的に存在する」とは、存在したりしなかったりするということです。

電子銃を二つのスリット(縦に細長い穴)を開けたつい立てに向けて発射すると、電子ビームはスリットを通り抜け、つい立ての向こうにあるスクリーンには電子の粒子がぶつかった跡が帯状の形になって残ります。常識的に考えれば、スリットは二つなのだから二本の帯状の痕跡が残るはずなのですが、実際には何本もの痕跡が生じたのです。

このような不思議な実験結果に、デンマークの物理学者のニールス・ボーアらは「物質はある空間に波のように広がって存在している。そして、観測した時点で一カ所に決まる」と結論づけました。つまり、物質は複数の場所に同時に存在しており、観測という行為がそれに影響を与え、観測した瞬間に存在する場所が確定するのです。

この考えが示すのは、この世界は存在さえもはっきりしておらず、私達が意志を持って見る（観測する）ことによって初めて物の存在（世界）をつくる、ということです。この世界と私達の意志との関係を考える上で、深い意味があるはずです。

二十世紀後半に入ると、物理学者達の間で「宇宙は人間を生み出すためにあった」という考え方が提唱されました。この考えは「宇宙の人間原理」と呼ばれ、「弱い人間原理」と「強い人間原理」の二種類に分けられています。

弱い宇宙の人間原理とは、宇宙におけるさまざまな物理定数は人間が存在できるようにつくられている、という考え方です。例えば、宇宙の年齢や平均密度、地球の大きさ、光の速さ、重力の大きさなどが少しでも実際と違っていたならば、私達はこの世に存在できないというのです。そればかりか、約百三十億年前に宇宙ができた時に、宇宙は急激に膨張して大きくなりますが、その時の中身の偏りがほんの少しでもいまより違っていたら人類は生まれることはなかった、ということまであらかじめ計算されていたのだそうです。そして、偶然に人類が存在した場合の確率を計算するととてつもなく低い確率となるので、とても偶然とは考えられないと結論づけられているのです。

これに対し、強い人間原理とは「宇宙の存在は、人間のような知的生命によって観測されることでわかる。もし宇宙に知的生命がなかったとすると、その宇宙の存在は認識されないのだから、存在しないも同然である」という考え方です。もっとはっきり言えば、宇宙は人間が存在するから存在するということになります。そして、宇宙を観測させるために人間は生まれた、という考えにまで行き着くことになるのです。まるで哲学者のような発想ですが、これを宇宙物理学者達が唱え、一定の支持を得ていることは注目に値します。

弱い人間原理の方は科学的な知識の積み重ねですが、この強い人間原理はかなり強引なような気がします。しかし、波のように存在している物質が私達の観測によって定まることや、脳の仕組みが現実に見える世界をつくり出していることを重ね合わせると、強い人間原理も何かしらの真理を含んでいるような気がしてなりません。

一九三〇年代のアメリカで、真空中に強い光を当てると電子だけでなく、陽電子と呼ばれる電子の反物質が対になって生まれる、という画期的な実験結果が得られました。何もないところから、新たな物質が生まれたのです。

この二つの粒子は必ずセットで生成され、片方が「物質」、もう片方は「反物質」と呼ばれます。反物質は物質と同じ質量で同じ性質を持つなどそっくりで、電気のプラスとマイナスだけが逆なのです。陽電子は、プラスの電気を持つ電子のことです。そして、生成されるとすぐに二つの粒子は衝突して消滅し、光に戻ってしまうのです。なんだかSF小説のような不思議な話ですが、事実なのです。

この実験の結果、驚くべきことに真空中というのは何もない「無の空間」ではなく、常に物質の生成と消滅が繰り返されているところだということがわかったのです。また、宇宙が誕生した時も、このようにして物質と反物質が生まれましたが、その時なんらかの理由で物質の方が反物質より多く発生したため、消滅せずに残ったものが現在の宇宙をつくるもとになったと考えられています。

ここまで来ると、老子の「無の思想」や大乗仏教の「空の思想」は正しかったと言わざるを得ません。また、いろは歌にあるように、この世は「夢」と言えるでしょう。

一方で、疑問も湧いてきます。それは、知れば知るほどおぼつかないと感じるこの世が本当に実在しているのかということです。そして、この世がもし実在していないとすれば、どこか別のところにあるのか？　さらに他の場所に実在があるとすれば、それは私達人間にどう関わっているのでしょうか。

「実在」というと哲学用語のようで、なにやら難解に感じます。そこでわかりやすくするために、「実在」ではなく「本物」という言葉を使います。

波のようであったり、粒子のようであったりする物質が現れたり、消えたりするような現実の世界は果たして「本物」なのでしょうか。そして、非常に高度で複雑な仕組みを持ち、この世界を今、目に映っているように見せている脳にしても同じように、波と粒子の性質を併せ持つ物質から成り立っていることに変わりはないのです。そう考えると、目の前にある物質よりも、私達の感覚や意志の方が「本物」と言えるのではないでしょうか。

カナダの脳外科医であるワイルダー・ペンフィールドは一九五二年に、大脳皮質の運動野や体性感覚野と体部位との対応関係をまとめたことで知られますが、それと同時に非常に興味深い実験を行いました。患者の脳に電極を埋め込み電気刺激を与えると、過去の記憶を思い出すことを彼は発見しました。そして電極の位置をずらすと、今度は全く異なる記憶を思い起こすこともわかりました。彼の実験や研究の目的は、人の心を脳の働きで説明することでした。しかし、このような実験を繰り返した結果、彼が辿り着いた結論は意外なものでした。それは、「心の動きを脳で説明することはできない。心は肉体とは別なところにある」というものだったのです。

宗教や哲学の専門家ではなく、脳研究の最先端にいたペンフィールドがこのような結論を出したことは、大きな重みを持っていると言えないでしょうか。

それでは、心が脳という肉体とは別にあるとすれば、その根源となっているものは何でしょうか。それはとても深遠な問題で、軽々しく答を出せるようなものではありませんが、私はそれを「創造意志」とも呼ぶべきものだと考えています。弱い人間原理が示すように、人間が存在するようにこの世をつくったのは、この創造意志であると考えられます。そして、単なる世界の傍観者ではなく、世界をつくり出す役割を私達に任せているのも、この創造意志ということになります。

では、創造意志は私達を存在させることによって、何を求めているのでしょうか。

それはこれまで繰り返し述べてきたように、人間本来の生き方に他なりません。具体的に言えば、心の底から望むことを行うことで自身の使命や役割を果たし、真の幸せを感じるとともに他人にも幸せをもたらすことです。それによって真に世界を創造することが、私達の役割です。

私は思想や科学の側面から述べてきましたが、「成功哲学」や「自己啓発」といったみなさんに馴染みの深い分野でも、人々を導く「メンター」と呼ばれる人達が、その著書の中で「思いを叶える」ために行うべきこととして、同様のことを述べているのです。

つまり、各人に与えられた使命や役割を果たす方向へ世の中が動けば、世界はうまく循環するのです。そう考えると、現在の人類がなぜ危機的な状態にあるのかも、その理由がわかろうというものです。それは、人々が与えられた使命や役割を果たすことができないような世の中になっているからではないでしょうか。

万物に宿る心の根源となる「創造意志」

創造意志は、あらゆる心（精神）の根源となります。心は万物に宿り、この世を創造する役目を担い、人間に宿った心はとりわけ重い役割を担っていると言えるでしょう。しかし、私達はその役割を果たしていると言えるでしょうか。

本来、私達は自由で、自立しているはずです。だからこそ、自分の内面に問いかけ、創造意志から与えられた使命や役割に気づくことができるのです。そして、強い意志を持って、それを実行できるはずなのに、現在の私達は偏在する資源やエネルギー、食糧や水、富と権力などの所有者に支配され、貧困や戦争の危機に見舞われて、恐れおののきながら日々暮らしています。自由で自立した状態とは対極にあり、創造意志からの使命や役割を果たすことなど、とてもできない状態にあります。

人類文明数千年の歴史において、また真に世界を創造するという人間本来の使命を果たすという観点から見ても、現在は最も悪い状態にあると言えます。

これまで述べてきたように、私達一人ひとりの状況においてもそうですが、社会全体においてもさまざまな危機などが今ほど高まっている時はないでしょう。危機が高まるにつれて私たちの心は荒み、人類文明の破綻が極限にまで近づこうとしているときに、それを克服する技術や仕組み、思想が叫ばれているのは、現在が人類文明の転換点だということを示していると言えます。

今こそ過去から続いてきた悪弊を一掃し、偏在社会から遍在社会へ大きく舵を切り、バランスと循環を回復して真に世界を創造できるよう、人類を含むすべての生きとし生けるものが本来の姿を取り戻すべき時なのです。その実現こそが、現在の私達に課せられた責務です。特に我々日本人は、古来よりバランスと循環という自然の摂理を大切にし、万物を尊んできた民族です。遍在社会の実現に向け、私達こそが率先して行動を起こすべきなのではないでしょうか。

最後にもう一度「いろは歌」を掲げて、筆をおきたいと思います。

「色は匂へど散りぬるを　我が世たれぞ常ならむ　有為の奥山今日越えて　浅き夢みじ酔ひもせず」

おわりに

現在、世界の国内総生産（GDP）の合計は約九千兆円。それに対し、国際金融市場での取引額の総額は何と三京六千兆円と、その四倍にも達しています。まさにカジノ経済の勢いは青天井で、危険水域をはるかに超えていると言えるでしょう。

一方で世界の富はごく一部に集中してしまい、二〇一六年一月に貧困問題に取り組む世界的な団体オックスファムから出された報告は、世界で最も裕福な六十二人が保有する資産が世界の貧しい半分（三十六億人）が所有する総資産に匹敵するという内容でした。この途方もなく広がった格差に愕然とさせられます。そして、この格差を引き起こした「行き過ぎた利益追求」は深刻な資源の枯渇、水・食糧問題、環境破壊、戦争と抑圧、経済危機を招き、現代社会を存続不可能なほどに壊してしまっているのです。

この危機を招いた原因は、私達人間が持つ際限のない欲望なのでどうしようもないと考える人もいるでしょう。あるいは逆に、自分達とは関係のない特定の人達による策略だと捉える人もいるかもしれません。しかし、そのどちらでもなく、私達が築いてきた仕組みに間違っていたところがあり、それを私達の手で変えることによって持続可能な社会を実現できるというのが、本著の中で最も伝えたかったことです。私達は、それだけの力と英知を授かっているのです。そして二十一世紀の今日、私達にはこの世の仕組みと与えられた役割、そしてこれからの社会を創造していく方向性が見えつつあるということが言えるのではないでしょうか。

二〇一五年末の全米連邦準備委員会（ＦＲＢ）の利上げによって、世界経済がメリメリと音を立てて軋み始めている姿は「本来あるべき世界の姿は、どうあるべきなのか？」と人類に問いかけている出来事と言ってもいいでしょう。またもや世界的な経済危機が起きるのかもしれず、今度こそ致命的な事態に陥ってしまうかもしれません。私達に残された時間は多くはありません。今が行動を起こすべき時なのです。

本著では「バランス」と「循環」という自然の摂理にもとづいた世界を創造する必要性があると、警鐘を鳴らしました。私は、従来の仕組みを変えて社会を大きく変革する時には、その方法論とともに基礎となる思想が必要であると考え、思案してきました。その叩き台を提供できたのではないか、と自負しています。

自然の摂理にもとづく世界は、私達の心のあり方とも一体となっており、「創造主義」へとつながります。私達が創造する力を持つことに関しては、さまざまな面から理論的に述べました。古今東西の異なる分野の人々が主張していることがこれだけ一致し、一つにつながっていることは、何かしらの真実がそこにあることを示していると感じるとともに、そのことを多くの人々に伝えることがとても重要であると考えたからです。

しかし、実は本書の理論は、日本人の受け継いてきた古くからの生き方の中に根づいていることも、最後に触れておきます。日本が特別な国で、他の国よりも優れていると考えるような独善に陥ることは避けなければなりません。しかし、私達日本人が受け継いできたものが人類全体にとって役に立つ優れたものであれば、それを堂々と主張すべきではないでしょうか。それは人類の一員として非常に意義のある行動だと思います。日本人賛歌になってしまう恐れはなきにしもあらずですが、新しい次元の思想は、私達の手の中にすでに握られていたのです。今、求められているのは、私を含め日本人一人ひとりが胸を張って具体的な行動を起こしていくだけなのです。

出版にあたって、私が代表世話人を務める「戦争と核(原発)と貧困のない自由な社会を作る会」事務局長の大野忠治さんには、資料収集の面で尽力いただきました。また、出版の機会をいただいたリベラルタイム出版社の渡辺美喜男社長はじめ、今日まで私を支えてくださった皆様に、心からお礼を述べたいと思います。

参考文献

雑誌・書籍

『再生可能エネルギーの政治経済学』（大島堅一、東洋経済新報社、2010年）
『アングロサクソン資本主義の正体—「100%マネー」で日本経済は復活する』
（ビル・トッテン、東洋経済新報社、2010年）
『R水素—再生可能エネルギーと水による地域循環型エネルギーのかたち』
（江原春義、R水素ネットワーク、2015年）
『地球を救う大変革—食糧・環境・医療の問題がこれで解決する』
（比嘉照夫、サンマーク出版、1994年）
『地球を救う大変革②—次つぎ実証されるEM効果』（比嘉照夫、サンマーク出版、1994年）
『蘇る未来—EM技術が21世紀を変える』（比嘉照夫、サンマーク出版、2000年）
『日本の水産業は復活できる—水産資源争奪戦をどう闘うか』
（片野歩、日本経済新聞出版社、2012年）
『エンデの遺言—根源からお金を問うこと』（河邑厚徳＋グループ現代、講談社、2000年）
『さらば日米同盟！—平和国家日本を目指す最強の自主防衛政策』（天木直人、講談社、2010年）
『不確定性原理—運命への挑戦』（都築卓司、講談社、1970年）
『資本主義の終焉と歴史の危機』（水野和夫、集英社、2014年）
『里山資本主義—日本経済は「安心の原理」で動く』
（藻谷浩介＋NHK広島取材班、KADOKAWA、2013年）
『戦争を知るための平和学入門』（高柳先男、筑摩書房、2000年）
『9.11疑惑国会追及—オバマ米国は変われるか』（藤田幸久／他、クラブハウス、2009年）
『福祉社会と社会保障改革—ベーシック・インカム構想の新地平』
（小沢修司、高菅出版、2002年）
『ベーシック・インカム入門—無条件給付の基本所得を考える』（山森亮、光文社、2009年）
『新解釈“空”の宇宙論—驚くべき重大発見 すべての謎を解く衝撃のカギ』
（糸川英夫、青春出版社、1991年）
『心を生み出す脳のシステム—「私」というミステリー』
（茂木健一郎、日本放送出版協会、2001年）
『唯脳論』（養老孟司、青土社、1989年）
『Newton（ニュートン）別冊 脳と心—「心」はどこにあるのか』（ニュートンプレス、2010年）
『支配を超えて』（田中甲、新日本文芸協会、2013年）
『言霊はこうして実現する』（大野靖志、文芸社、2010年）
『アインシュタインTV 遺伝子は46億年の夢を見る』（フジテレビ、双葉社、1991年）
『アインシュタインTV ミトコンドリア・イブの贈り物』（フジテレビ、双葉社、1992年）
『ホーキング宇宙論の読み方—最先端の宇宙物理学理論を理解する』
（佐藤勝彦、大陸書房、1991年）
『宇宙には意志がある—ついに現代物理学は、ここまで解明した』
（桜井邦朋、クレスト社、1995年）
『心に響くことだけをやりなさい』
（ジャネット・アットウッド／クリス・アットウッド、フォレスト出版、2013年）
『大好きなことをやって生きよう』（本田健、フォレスト出版、2013年）
『今すぐフォロワーはやめなさい—人生のリーダーになるために、やるべきこと、やってはいけないこと』（加藤秀視、経済界、2013年）

web

「環境エネルギー政策研究所」http://www.isep.or.jp/
「気候ネットワーク」http://www.kikonet.org/
「FoE Japan」http://www.foejapan.org/
「WWFジャパン」https://www.wwf.or.jp/
「合鴨家族 古野農場」http://www.aigamokazoku.com/
「福岡自然農園」http://i-yo.jp/
「木村秋則オフィシャルホームページ」http://www.akinorikimura.net/
「公共貨幣フォーラム in Japan」
http://www.muratopia.org/Yamaguchi/MoneyForum-j.html
「ラリー・ハニガン（地球プラス5%）」https://www.relfe.com/plus_5_japanese.pdf

著者

田中　甲

たなか・こう

http://www.koh-tanaka.jp/

1957年、千葉県市川市出身。立教高等学校（現・立教新座高等学校）、立教大学社会学部卒業。市川市議1期、千葉県議2期を経て、1993年から10年間にわたって、衆議院議員を務める。47歳で米ワシントンD.Cに留学。帰国後、「リーダーシップ研究所」を立ち上げるが、日本人の精神的支柱の欠落を感じ、古事記や言霊学を学ぶ中で、古神道と出会う。アニミズム思想と東洋哲学から、人類の課題とされている問題に正面から取り組む。現在、「戦争と核（原発）と貧困のない自由な社会を作る会」（http://tocreatesociety.jp/）代表世話人。公益財団法人「太平洋戦争戦没者慰霊協会」監事。

創造主義

「持続可能」社会を実現する転換の発想

2016年4月27日　初版第1刷発行

著　者　田中　甲

発行者　渡辺美喜男

発行所　株式会社リベラルタイム出版社

〒104-0061　東京都中央区銀座2-11-8

電　話　03-3547-3711

印刷所　株式会社テンプリント

Printed in Japan

ISBN978-4-902805-11-6

C0033　¥1000E